... Títulos relacionados

ASISTENCIA A LA DIRECCIÓN ADGG0108

[OTROS TÍTULOS DISPONIBLES]

Solicítalos en
- Librería
- www.paraninfo.es
- Solicitudes nacionales +34 914 463 350
- Solicitudes fuera de España +34 913 308 907
  +34 913 308 919

Gestión del tiempo, recursos e instalaciones

Cristina Cabero Soto
Coordinadora: Blanca Cabero Soto

© 2025 Ediciones Paraninfo, S. A.
© Cristina Cabero Soto

Coordinadora: Blanca Cabero Soto
Maquetación: Ediciones Nobel

Impresión: Liberdigital (Casarrubuelos, Madrid)
ISBN: 978-84-283-7011-0
Depósito legal: M-21941-2025

Impreso en España

Autora

Cristina Cabero Soto, experta y especialista en Protocolo y Ceremonial del Estado e Internacional por la Escuela Diplomática del Ministerio de Asuntos Exteriores y la Universidad de Oviedo, con estudios en Grado de Lengua y Literatura Españolas por la UNED, y Grado Medio de Piano por el Conservatorio de Música Eduardo Martínez Torner de Oviedo.

Acumula más de tres décadas de experiencia profesional en el sector de los eventos y la etiqueta planificando, diseñando, organizando y supervisando eventos de carácter nacional e internacional.

Consultora y asesora en etiqueta y protocolo internacional, asesora para expatriados, autora y *copywriter,* formadora, conferenciante e impartidora de talleres de diferentes temáticas en los que enseña a los participantes a convertirse en los perfectos anfitriones a nivel personal y profesional.

Autora de seis libros publicados con Ediciones Paraninfo: *Protocolo en hostelería y restauración, Gestión de protocolo, Organización de reuniones y eventos, Normas de protocolo en restauración, Gestión del tiempo, recursos e instalaciones, Organización de viajes nacionales e internacionales.*

Autora del libro *Pequeños anfitriones* (Universo de Letras, 2023), pionero en el ámbito internacional en el tratamiento de la etiqueta y el protocolo para niñas y niños.

Fundadora de *Christie De Soto,* iniciativa reconocida como proyecto emprendedor innovador (*Cheque Emprendedor*) por el Principado de Asturias y certificada como *Women Owned,* sello expedido por *We Connect International* (Washington).

www.christiedesoto.com

Índice

Introducción normativa

La Ley Orgánica 3/2022, de 31 de marzo, de ordenación e integración de la Formación Profesional, contiene una disposición derogatoria única que afecta a la regulación de los certificados de profesionalidad, ahora denominados **Certificados Profesionales.** La referida normativa deroga la Ley Orgánica 5/2002, de 19 de junio, de las Cualificaciones y de la Formación Profesional, y abre un escenario de cambios que se irán implementando progresivamente.

La Ley Orgánica 3/2022, de 31 de marzo, de ordenación e integración de la Formación Profesional implica que toda la formación es acumulable. La oferta formativa se estructura de forma escalonada, siendo los Certificados Profesionales un nivel intermedio (Grado C) de una escala que va desde el Grado A hasta el D.

En los artículos 35 a 38 de la Ley 3/2022 se describe en qué consisten estos Certificados Profesionales: su oferta, formación asociada, estructura, duración, acceso, titulación y validez. Posteriormente, esta normativa se completa con lo dispuesto en el Real Decreto 659/2023, de 18 de julio, que desarrolla la ordenación del sistema de Formación Profesional. Concretamente en los artículos 67 a 81 es donde se hace referencia a la oferta formativa de Grado C, correspondiente a los Certificados Profesionales.

Están agrupados en 26 familias profesionales con características comunes del sector. En la actualidad hay más de medio millar de Certificados Profesionales incluidos en el Repertorio Nacional. Esta cifra no deja de crecer. Además, cada certificado está específicamente regulado por un real decreto.

Un Certificado Profesional corresponde al Grado C de la oferta del Sistema de Formación Profesional. Es un documento oficial, con validez en todo el territorio nacional y debe constar en el Catálogo Nacional de Ofertas de Formación Profesional, que certifica la capacitación para el desarrollo de una actividad profesional.

Debe detallar los módulos profesionales superados y los estándares de competencia profesional asociados a él e incluidos en el **Catálogo Nacional de Estándares de Competencias Profesionales**, así como su correspondencia con el Marco Español de Cualificaciones.

Despliegan su validez en un doble ámbito, laboral y académico:

- En el contexto laboral tienen validez profesional, porque acreditan las competencias en una determinada profesión. Para poder trabajar en algunas profesiones, se exigen determinadas cualificaciones, y los certificados sirven para acreditarlas.

- Asimismo, tienen validez académica, puesto que permiten continuar un itinerario formativo siempre que se cumplan los requisitos de acceso para cursar la titulación deseada. De tal modo que, los Certificados Profesionales que sean parte de un Grado D permitirán la matrícula modular para completar los módulos establecidos en el currículo y obtener el correspondiente título de técnico básico, técnico o técnico superior con validez en todo el territorio nacional.

Para obtener un Certificado Profesional (Grado C) es preciso cumplir con los requisitos de acceso para realizar la formación.

Estructura de los Certificados Profesionales

I. Identificación: denominación, familia y área profesional a la que pertenecen; nivel de cualificación profesional (1, 2 o 3); cualificación profesional de referencia; entorno profesional y módulos formativos que esté previsto cursar junto con la duración de cada uno de ellos.

II. Perfil profesional: incluye las competencias profesionales requeridas en el mercado laboral. En todas ellas se concretan las realizaciones profesionales y los criterios de realización.

III. Formación: describe los módulos formativos que esté previsto cursar para adquirir las competencias requeridas. En cada uno de ellos se indican las capacidades que se pretende alcanzar y la duración del módulo de prácticas no laborales —PNL—, para el que cabe solicitar exención si se cumplen determinados requisitos.

IV. Prescripciones de las personas formadoras.

V. Requisitos mínimos de espacios, instalaciones y equipamiento.

Los Certificados Profesionales se identifican con una denominación concreta y un código alfanumérico propio, y sirven para acreditar una determinada cualificación profesional. Cada certificado está asociado a una relación de unidades de competencia que, a su vez, se vinculan con una serie de módulos formativos específicos. Algunos módulos están integrados por unidades formativas y tanto unos como otras son, en ocasiones, transversales, lo que significa que se trata de contenidos incluidos en más de un Certificado Profesional.

Los Certificados Profesionales se articulan en tres niveles de competencia profesional (1, 2 y 3) conforme a lo dispuesto en el que será el Catálogo Nacional de Estándares de Competencias Profesionales, anteriormente Catálogo Nacional de Cualificaciones Profesionales (CNCP), según los criterios establecidos de conocimientos, iniciativa, autonomía y complejidad de las tareas, en cada una de las ofertas de Formación Profesional.

La oferta formativa dirigida a la obtención de los Certificados Profesionales tiene carácter modular para favorecer la acreditación parcial acumulable de la formación recibida y posibilitar así el avance en el itinerario de Formación Profesional para cualquiera que sea la situación laboral de cada persona en cada momento.

En definitiva, el Grado C constituye la oferta, parcial y acumulable, del sistema de Formación Profesional, de varios módulos profesionales del catálogo modular de Formación Profesional por razón de su significado en el mercado laboral y conducente a la obtención de un Certificado Profesional.

Las ofertas de Grado C de Formación Profesional tendrán por objeto módulos profesionales incluidos previamente en el catálogo modular de formación profesional y asociados al Catálogo Nacional de Estándares de Competencias Profesionales.

Finalidad de los Certificados Profesionales

- Contribuir a la ordenación de un Sistema de Formación Profesional al servicio de un régimen de formación y acompañamiento profesionales que sea capaz de responder con flexibilidad a los intereses, expectativas y aspiraciones de cualificación profesional de las personas a lo largo de su vida.

- Combinar escuela y empresa situando a la persona en el centro del sistema.

- Facilitar el aprendizaje permanente de toda la ciudadanía mediante una formación abierta, flexible y accesible, estructurada de forma modular, a través de la oferta formativa asociada al certificado.

- Acreditar las cualificaciones profesionales o las unidades de competencia recogidas en estas, independientemente de su vía de adquisición, bien sea través de la vía formativa, o mediante la experiencia laboral o vías no formales de formación.

- Favorecer, tanto a nivel nacional como europeo, la transparencia del mercado de trabajo.

- Contribuir a la calidad de la oferta de Formación Profesional.

Este libro

El presente libro desarrolla la Unidad Formativa denominada *Gestión del tiempo, recursos e instalaciones,* UF0324.

Dicha unidad formativa está asociada a la Unidad de Competencia UC0983_3, forma parte del Módulo Formativo MF0983_3 *Gestión de reuniones, viajes y eventos*, perteneciente a la Cualificación Profesional de referencia ADG309_3, de nivel 3, incluida en el Certificado Profesional denominado *Asistencia a la dirección,* dentro de la familia profesional Administración y Gestión.

Según el Real Decreto 1210/2009, de 17 de julio, modificado por el RD 645/2011, de 9 de mayo, los contenidos que en esta obra se recogen se corresponden con una duración de 30 horas.

Tanto la estructura como el desarrollo del libro se ajustan al citado real decreto y más concretamente a los contenidos de la Unidad Formativa que le da título *Gestión del tiempo, recursos e instalaciones.*

Contenidos

1. La organización y planificación del trabajo.
   - Eficiencia, eficacia y efectividad. Umbral de rentabilidad de la actividad del secretariado. Productividad.
   - Medios y métodos de trabajo.
   - La planificación como hábito:
     — El lugar de trabajo. La oficina y su organización.
     — Preparación previa de la jornada de trabajo.
   - Priorización.
     — Formas de fijar prioridades.
     — Lo urgente y lo importante.
   - Organización.
     — Reagrupación y simplificación.
     — Distribución racional de las tareas a lo largo de la jornada.
   - Delegación.
   - Control y ajuste. El control del tiempo.
     — Ladrones de tiempo.
     — Cálculo del valor del tiempo. Técnica de medición temporal del trabajo.
     — Métodos de optimización del tiempo.

- El tiempo y el estrés.
- Utilización de aplicaciones informáticas en la gestión del tiempo. Instalación. Funciones y procedimientos de las aplicaciones.

- La calidad en los trabajos de secretariado.
- Habilidades de relación intrapersonal para optimizar el tiempo: iniciativa, proactividad, creatividad e innovación.
- Habilidades de relación interpersonal para optimizar el tiempo: asertividad, comunicación y negociación.
- El puesto de trabajo de la secretaria: el despacho, el mobiliario de oficina —el escritorio, las herramientas de trabajo ordenador, fax, teléfono, fotocopiadora, grabadora, agenda—, el material de trabajo —papel, sobres, etcétera—, menaje y suministros varios.
- La recepción de la empresa, la sala de reuniones, el salón de actos y otras dependencias de la organización.
- Prevención de riesgos laborales.
  - Normativa actual. La Ley de Prevención de Riesgos Laborales.
  - La carga de trabajo, la fatiga y la insatisfacción laboral.
  - Criterios ergonómicos.

2. **Procesos y procedimientos del tratamiento de la información en la empresa. El archivo.**
- Flujo documental en la empresa.
- Clasificación de los documentos.
  - Vitales, útiles, importantes, necesarios, transitorios, desechables.
  - Documento, informe, expediente, dosier, valija y otros.
  - Reservado, restringido, privado, público.
  - Métodos: ordenación alfabética, numérica, por índice temático, cronológica y toponímica.
  - Sistemas: tradicional, ordenador, microfilmar documentos. Soportes de archivo.
- Tratamiento de los documentos. Estrategias y características de un buen archivo.
- El archivo corporativo. Establecimiento de criterios y procedimientos de uso. —Inclusiones, extracciones y expurgo—.
- Gestión documental informática —«oficina sin papeles»—.
- Requisitos medioambientales para la eliminación de residuos.

3. **La agenda**
   - Tipos de agenda.
     — Manual.
     — Electrónica.
     — Ordenador.
   - Secciones de la agenda.
     — Planificación —dietario, semanal, mensual, anual, tareas, actividades—.
     — Gestión (notas, mensajes, reuniones, gastos, viajes).
     — Información —teléfonos y direcciones, clientes, restaurantes, onomásticas—.
     — Accesorios.
   - Gestión de agendas.
     — La agenda del directivo —la de planificación y la de control—.
     — La agenda del asistente.
     — Normas para el buen uso de la agenda.

■ Nota del editor

En Ediciones Paraninfo estamos comprometidos con la calidad de la formación e intentamos que nuestros materiales respondan fielmente y con rigor a las necesidades de todos cuantos confían en nuestro sello editorial.

Tratamos de dar respuesta a los currículos de las unidades formativas y de los módulos que integran los distintos Certificados Profesionales, equilibrando la parte teórica con la práctica para que los procesos de aprendizaje se conviertan en experiencias gratificantes, tanto para docentes como para las personas inmersas en los procesos formativos.

Nuestros objetivos son contribuir de forma decisiva a afianzar aprendizajes, ayudar a adquirir destrezas que tengan significado para el empleo y conseguir potenciar el desarrollo personal.

Para lograrlo contamos con excelentes autores, expertos en las materias que abordan, en la mayoría de los casos docentes de dichas especialidades con dilatada experiencia tanto profesional como académica, porque buscamos perfiles familiarizados con los contextos laborales concretos a los que se refieren nuestros manuales.

Confiamos en poder serte de ayuda y esperamos tus impresiones acerca de nuestro trabajo. Sean positivas o negativas, serán muy bien recibidas y, sin duda, nos ayudarán a seguir mejorando y trabajando con ilusión para continuar siendo un referente en formación para el empleo.

Agradecemos tu confianza en nuestros manuales. Todo nuestro equipo queda a tu total disposición. Puedes contactar con nosotros en esta dirección de correo electrónico:

info@paraninfo.es

1. La organización y planificación del trabajo

Introducción

Una cualidad fundamental en un buen asistente de dirección consiste en ser capaz de gestionar correctamente el tiempo del que dispone para realizar las actividades o tareas propias de su competencia. De hecho, a diario surgen imprevistos o tareas urgentes que requieren hacer un cambio sobre la planificación prevista inicialmente. A lo largo del capítulo, vamos a conocer diferentes herramientas que podemos utilizar y que nos ayudarán en la gestión del tiempo en nuestro día a día.

Contenido

1.1. Eficiencia, eficacia y efectividad.
Umbral de rentabilidad de la actividad del secretariado.
Productividad

Una buena organización y planificación del trabajo es el punto de partida para conseguir una óptima gestión del tiempo y nos ayuda a lograr unos óptimos resultados en nuestra labor profesional como asistentes de dirección. Para ello, es fundamental aplicar en el día a día la **Regla de las 3E en los negocios**:

- **Eficiencia**: capacidad de disponer de alguien o de algo para conseguir un efecto determinado.

- **Eficacia**: capacidad de lograr el efecto que se desea o se espera; este término está directamente relacionado con la optimización de los procedimientos.

- **Efectividad**: capacidad o habilidad para obtener un resultado concreto a partir de una determinada acción.

En el plano laboral, el objetivo es conseguir un óptimo resultado con una mínima inversión de tiempo, esfuerzo y medios por parte de la persona que lo realice, aunque el ritmo de trabajo de la actividad diaria nos impida ser conscientes de la necesidad de reconocer los diversos métodos de optimización del tiempo, siguiendo todas sus fases. Ahora bien, cumplir este proceso es fundamental para conseguir un óptimo **umbral de rentabilidad** de la actividad del asistente de dirección y, además, la planificación y organización de las actividades nos permitirá un mayor nivel de **productividad** en nuestro trabajo. Como veremos más adelante, es imprescindible aplicar los métodos y técnicas de gestión del tiempo a través de las herramientas más apropiadas en procesos de organización de agenda a corto, medio y largo plazo.

> *David Allen, en su libro «Organízate con eficacia», acuñó el término GDT (getting things done) en el que propone una forma de gestión del tiempo que permite controlar todas las acciones pendientes de realizar o ya iniciadas, y recomienda liberar la mente con el fin de ser más eficientes y aumentar la productividad.*

1.2. Medios y métodos de trabajo

Con el objetivo de mejorar la productividad en el trabajo, especialmente en el sector técnico, es necesario analizar los **medios y métodos de trabajo** o, lo que es lo mismo, intentar mejorarlo en sus formas y desarrollo. Para ello, contamos con el estudio del trabajo, concepto que hace referencia al *examen sistemático de los métodos para realizar actividades con el fin de mejorar la utilización eficaz de los recursos y establecer normas de rendimiento respecto a las actividades que se están realizando.* Entre sus beneficios se incluyen, entre otros, la mejora de la planificación y la implantación de procedimientos de trabajo. El estudio del trabajo se compone de dos técnicas complementarias: el **estudio de métodos** —cuyo fin es eliminar movimientos innecesarios y sustituir métodos de trabajo por otros mejores— y la **medición del trabajo** —también denominado *estudio de tiempos*—.

Figura 1.1. Gráfico de etapas del estudio de métodos de trabajo. *Fuente:* Escuela Universitaria de RR. LL. de Elda, Universidad de Alicante.

1.3. La planificación como hábito

La necesidad de **planificar** surge como consecuencia de la importancia de saber gestionar un recurso limitado como es el tiempo, y se trata de un elemento fundamental tanto en el ámbito laboral como en la vida diaria. Así, planificar consiste en elegir entre distintas opciones aquellas que tenemos previsto desarrollar a lo largo de un determinado período de tiempo —corto, medio o largo plazo—, y teniendo en cuenta para ello los recursos y medios disponibles. Asimismo, al planificar es fundamental identificar claramente los objetivos que se deben alcanzar, así como los medios disponibles y las posibles dificultades o problemas que pudieran surgir. Si bien existen diferentes tipos de planificación (según naturaleza, duración temporal, enfoque, etc.), en el caso de los asistentes de dirección, estaríamos hablando de una planificación operativa, es decir: de un listado de actividades que se deben realizar en un tiempo determinado. Una correcta planificación nos permite ahorrar tiempo en nuestra jornada laboral, lo que conlleva una mayor optimización y aprovechamiento del tiempo y la consiguiente satisfacción personal.

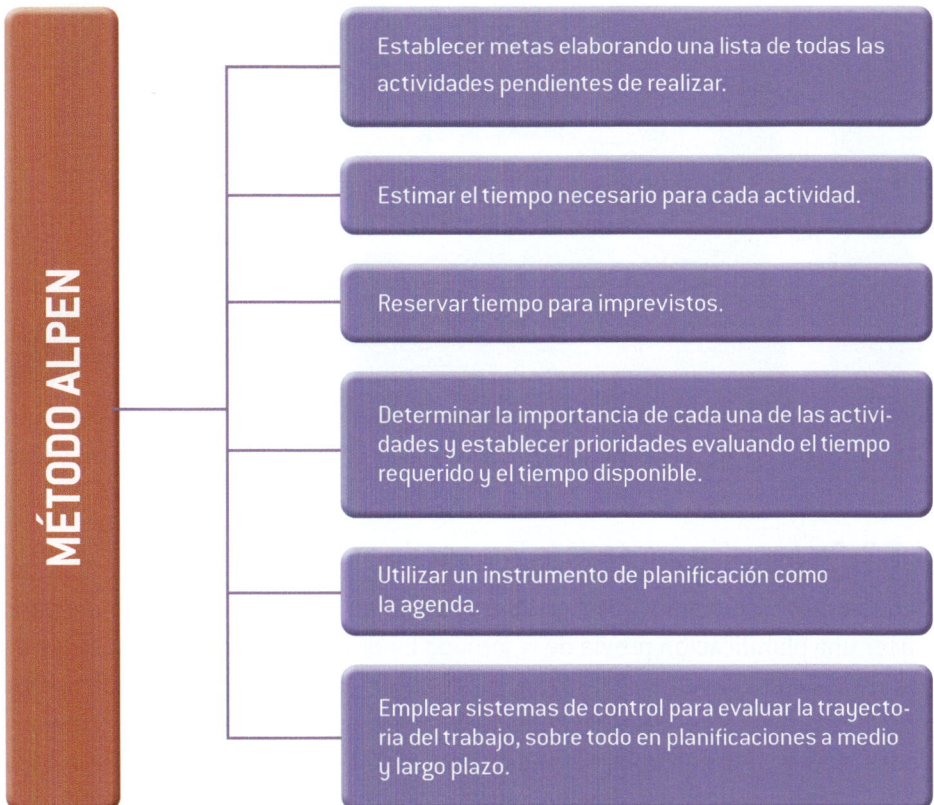

Figura 1.2. Fases del método Alpen, utilizado para la planificación de la jornada laboral.

1.3.1. El lugar de trabajo. La oficina y su organización

Todos los empleados de una empresa deben ofrecer siempre la mejor imagen profesional y, en este sentido, es fundamental que dispongan de un entorno de trabajo adecuado, contando con los recursos materiales necesarios para el desempeño de la actividad profesional. Cabe destacar que la buena organización de la oficina permitirá un mayor rendimiento profesional y ofrecerá una imagen impecable de la empresa. Así pues, uno de los principales requisitos que debe cumplir un asistente de dirección es la capacidad de organización, tanto de la actividad diaria como de su **lugar de trabajo,** que habitualmente suele ser un despacho ubicado, por lo general, en la antesala o adyacente al de su jefe. Huelga decir que la oficina debe estar siempre y en todo momento en perfecto estado de limpieza y orden. Por otra parte, además de la **organización** del espacio físico, el asistente de dirección debe ser capaz de gestionar los servicios y recursos materiales necesarios de su ámbito laboral.

Figura 1.3. Las oficinas deben estar en perfecto estado de limpieza y orden en todo momento.

1.3.2. Preparación previa de la jornada de trabajo

Si queremos alcanzar la máxima productividad en nuestro trabajo, es necesario hacer una planificación previa de la jornada laboral. En este sentido, además de las actividades previstas, habrá que reservar determinados períodos de tiempo destinados a solucionar imprevistos, tales como: nuevas tareas o visitas inesperadas. Ahora bien, debemos ser realistas a la hora de planificar la jornada laboral y de programar las actividades, teniendo en cuenta el tiempo aproximado que nos ocupará cada tarea. De este modo, evitaremos la frustración por no haber sido capaces de llevar a cabo las tareas programadas. En primer lugar, se debe reservar una parte de la jornada para despachar con el jefe, por lo general, a primera hora de la mañana.

Las tareas al inicio de la jornada laboral del asistente de dirección suelen ser las siguientes:

- Acondicionar la oficina encendiendo las luces, el aire acondicionado o calefacción hasta conseguir una temperatura ambiental adecuada y agradable.

- Encender equipos informáticos, impresoras, etcétera.

- Ocuparse del despacho del jefe con el fin de acondicionarlo y comprobar que todo está en orden.

- Disponer la agenda en el día correspondiente.

- Preparar los dosieres o informes que vaya a necesitar.

- Colocar la prensa sobre la mesa.

- Comprobar que dispone del suficiente material de oficina.

Por otra parte, y en función de los gustos personales del jefe, se ocupará de:

- Preparar la máquina de café o el agua caliente para infusiones, llevando un control de aprovisionamientos —cápsulas de café, leche, infusiones, etcétera—.

- Tras la realización de estas tareas, el asistente revisará su agenda y la del jefe y, a partir de la información que conste en ambas, planificará las actividades de la jornada.

Por último, a la hora de planificar la jornada, debemos tener en cuenta otros aspectos tales como: los horarios de recogida y entrega de correos, valijas, empresas de mensajería, etcétera.

> La persona que no es capaz de organizar la actividad laboral de una jornada, difícilmente podrá hacer una planificación de otros períodos de tiempo más amplios.

1.4. Priorización

Priorizar consiste en clasificar las actividades pendientes de realizar en función de su grado de importancia o urgencia. Así pues, en el ámbito laboral es totalmente necesario establecer la prioridad de cada actividad, para alcanzar un alto nivel de eficacia.

1.4.1. Formas de fijar prioridades

Independientemente del ámbito donde se realice una planificación, la idea fundamental es que las tareas más importantes o urgentes ocupen un lugar prioritario en la agenda; a partir de estas, deberán figurar a continuación el resto (de menor importancia o no urgentes). Para ello, tendremos que analizar las diversas actividades, y categorizarlas según sean: **urgentes, no urgentes, importantes o no importantes**. No obstante, aparte de nuestro criterio, siempre debemos tener en cuenta las instrucciones proporcionadas por nuestro jefe, que tendrán prioridad sobre nuestra decisión de organización personal. Una técnica básica de establecimiento de prioridades consiste en la clasificación *A, B, C* en función de su nivel de importancia. Según está técnica, las tareas clasificadas como *A* son las de prioridad máxima (no son delegables y no se pueden postergar), las clasificadas como *B* son de prioridad normal y, por último, las de tipo *C* son las de menor prioridad y suelen delegarse.

Caso práctico

En el día de hoy debemos realizar las siguientes tareas; clasifícalas según su importancia:

- Preparación de la visita de un ejecutivo que tendrá lugar dentro de dos meses.
- Devolución de llamadas no urgentes.
- Archivo de documentos en el archivo inactivo.
- Ultimar detalles para la reunión de la cúpula directiva que tendrá lugar a última hora de la mañana.
- Realización del pedido semanal de material de oficina.
- Preparación de un viaje de última hora para la jefa.

1.4.2. Lo urgente y lo importante

La **matriz de la gestión del tiempo** es una herramienta consistente en una tabla en la que se deben añadir las tareas según su importancia y su urgencia; en dicha matriz, las columnas clasifican las tareas según sean urgentes o no urgentes y las filas clasifican las tareas según sean importantes o no importantes. Así, la intersección de las líneas producirá el siguiente resultado:

MATRIZ DE LA GESTIÓN DEL TIEMPO	URGENTE	NO URGENTE
IMPORTANTE	I	II
NO IMPORTANTE	III	IV

- Cuadrante I: urgente e importante.
- Cuadrante II: no urgente, pero importante.
- Cuadrante III: urgente, pero no importante.
- Cuadrante IV: no urgente y no importante.

Debemos tener en cuenta que las tareas importantes y no urgentes —clasificadas en el cuadrante II—, si no se realizan, acabarán convirtiéndose en tareas urgentes.

1.5. Organización

La organización es una cualidad imprescindible para conseguir una mayor eficiencia en nuestro trabajo. Sin embargo, aparte de esta, también deberíamos hacer un autoanálisis de nuestra capacidad de manejo del uso del tiempo, con el fin de mejorar nuestras competencias al respecto. Asimismo, también debemos ser **flexibles,** puesto que en numerosas ocasiones tendremos que adaptar nuestra organización previa a las nuevas tareas encomendadas por el jefe.

Ejercicio de autoanálisis del uso del tiempo

A continuación, se propone un ejercicio de autoanálisis del uso del tiempo en el que deberás cumplimentar los datos solicitados, añadiendo tantas filas como precises por tarea realizada, incluidas las pausas por descanso. La suma del resultado total te permitirá conocer en detalle el aprovechamiento del tiempo de tu jornada laboral.

USO DEL TIEMPO EN LA JORNADA LABORAL				
Tarea	Prioridad	Hora inicio	Hora fin	Tiempo empleado
Suma total				

1.5.1. Reagrupación y simplificación

Aparte de la planificación existen dos elementos que nos ayudarán a obtener un mayor aprovechamiento del tiempo de trabajo: la reagrupación y la simplificación.

- La **reagrupación** consiste en aglutinar ciertas tareas como, por ejemplo, la gestión de correos electrónicos o del archivo. En el caso de las llamadas telefónicas, al reagruparlas deben tenerse en cuenta los horarios de empresas y domicilios ubicados en otros países.

- Por su parte, la **simplificación** consiste en hacer un análisis que nos ayude a realizar las tareas de la manera más sencilla posible cuando nos tengamos que enfrentar al desempeño de diferentes actividades. En este sentido, es importante ir desglosando dichas actividades en las distintas tareas, yendo de lo más abstracto a lo más concreto. Asimismo, también es importante simplificar el modo de realizar las tareas reiterativas, mediante, por ejemplo, el uso de plantillas de documentos que se utilizan con mayor frecuencia.

1.5.2. Distribución racional de las tareas a lo largo de la jornada

En España se considera que pasar un mayor número de horas en la oficina nos hace más productivos. Sin embargo, según se ha demostrado en numerosos estudios, se trata de una creencia errónea, puesto que conforme avanza la jornada laboral, el rendimiento es menor debido al cansancio acumulado. Para ello, deben tenerse en cuenta las **curvas de rendimiento**, que será mayor en horario de mañana, cuando la persona está más descansada y se consigue una mayor productividad, y que irá disminuyendo según avance el día. Por este motivo, no deben dejarse para última hora actividades que resulten más tediosas o complicadas, ya que el cansancio acumulado dificultará la concentración mental y la creatividad.

1.6. Delegación

Delegar consiste en encomendar determinadas tareas a otras personas para que las realicen bajo nuestra responsabilidad, lo que nos permite liberar parte del tiempo de nuestra jornada laboral y destinarlo a otro tipo de actividades. Ahora bien, esta actividad debe ser organizada de forma previa estableciendo prioridades en las tareas que se van a delegar. Cabe destacar que existen actividades delegables como, por ejemplo, la realización de fotocopias o envío de faxes y otras cuya naturaleza impide su delegación tales como actividades confidenciales, urgentes, etc. Por ello, a la hora de delegar, es necesario realizar una correcta elección de las personas a las que se les encomendarán las tareas y actividades mencionadas. Huelga decir que dichas personas deberán reunir las competencias necesarias (conjunto de conocimientos, destrezas y actitudes) para la realización de la actividad delegada.

Creerse imprescindible en la empresa es una barrera personal que en algunas ocasiones impide al asistente de dirección delegar en otras personas.

1.7. Control y ajuste. El control del tiempo

Entre los recursos de los que disponemos, el tiempo es uno de los más importantes y valiosos, puesto que su adecuada gestión permitirá alcanzar los objetivos propuestos en la actividad diaria de cualquier profesional, independientemente de su ámbito de trabajo. En este epígrafe se analizarán diferentes elementos de control del tiempo, tanto en el ámbito técnico (cálculo del valor del tiempo; técnicas de medición temporal del trabajo, aplicaciones informáticas de gestión, etc.) como en el ámbito personal (reloj biológico, fatiga, estrés, etcétera).

1.7.1. Ladrones de tiempo

A menudo, no somos capaces de identificar los elementos o situaciones que nos impiden aprovechar plenamente el tiempo disponible; a dichos elementos se los denomina **ladrones de tiempo**. A continuación analizaremos los elementos relacionados directamente con las tareas propias de nuestro puesto de trabajo e identificaremos aquellos de índole personal que provocan pérdida de tiempo.

Tareas relacionadas con el puesto

- **Llamadas telefónicas:** la atención telefónica es una de las tareas básicas de un asistente de dirección. Si bien es imposible controlar las llamadas entrantes (que siempre debemos atender con corrección), en el caso de tener que realizar llamadas, estas se pueden agrupar en un momento determinado del día, lo que nos permitirá un mayor control del tiempo.

- **Visitas inesperadas:** la atención a personas que se presentan de forma imprevista en la empresa dependerá del grado de confianza que tengamos con ellas. Así pues, si la persona que nos visita es de confianza podemos emplazarla a una cita en otro momento; si por el contrario se trata de visitas inesperadas del ámbito profesional, atenderemos con absoluta amabilidad al visitante tomando nota de sus datos (nombre y apellidos, empresa en la que trabaja, cargo y motivo de la visita).

- **Reuniones:** con el fin de conseguir un mayor aprovechamiento del tiempo, es precisa una correcta planificación y desarrollo de las mismas. Para ello, en la fase de planificación se debe seguir una lista de control que tenga en cuenta, entre otros: la definición de objetivos, la selección de participantes, la elección de temas, el orden del día y el tiempo destinado a cada uno de ellos, etc. Por otra parte, durante el desarrollo de la misma todos los participantes deben tener claro el objetivo, siguiendo los puntos fijados en el orden del día, y debe limitarse el tiempo de intervención de cada participante con el fin de evitar que la reunión se alargue más de lo necesario. También se han de tener en cuenta las posibilidades que ofrecen las nuevas tecnologías que nos permiten el desarrollo de reuniones en las que no es necesario el desplazamiento físico, como videoconferencias o reuniones virtuales.

Figura 1.4. Reuniones virtuales.

- **Imprevistos y situaciones de urgencia:** a pesar de haber planificado nuestra actividad diaria según el tiempo disponible, en ocasiones nos encontraremos con situaciones imprevistas que debemos solucionar de forma inmediata como sería el caso de la organización de un viaje de última hora.

- **Correos electrónicos:** la gestión de los *emails* es una tarea que puede requerir mucho tiempo; por ello, se aconseja leer los correos recibidos a primera hora del día y contestar a los importantes y urgentes sobre la marcha, aplazando para un momento asignado posterior la lectura y contestación del resto.

En el ámbito personal, cabe destacar, entre otros, los siguientes elementos:

- **Desorden:** el orden es una de las cualidades inherente al cargo de un asistente de dirección. Así, todo debe estar perfectamente ubicado y organizado, con el fin de encontrar a la primera aquello que se necesita.

- **Procrastinación:** la procrastinación se define como *la actitud de evitar o postergar conscientemente los hechos que se perciben como desagradables o incómodos.* En nuestro trabajo de asistente de dirección, consistiría en aplazar las tareas que nos resultan tediosas o que no nos agradan. Sin embargo, procrastinar crea malos hábitos de trabajo y provoca un gran esfuerzo mental y tensión debido al hecho de ser conscientes de estar posponiendo las tareas que están pendientes de realizar.

- **Otras causas personales** de pérdida de tiempo son falta de definición de objetivos, estimación del tiempo poco realista, falta de autodisciplina, etcétera.

1.7.2. Cálculo del valor del tiempo. Técnicas de medición temporal del trabajo

La **medición de tiempo** es una técnica que intenta reducir y eliminar tiempos improductivos en el trabajo, con el fin de mejorar la productividad de la empresa, asignando un tiempo concreto a cada trabajador para la realización de cada tarea. Algunas de las técnicas más utilizadas son: por estimación, medidas basadas en datos históricos o las mediciones basadas en aparatos de medida.

1.7.3. Métodos de optimización del tiempo

Existen diferentes **métodos de optimización del tiempo**, si bien todos ellos tienen en común algunas fases que debemos identificar y saber aplicar en el desarrollo de cualquier actividad o tarea:

- **Planificación:** consiste en prever las acciones que se van a llevar a cabo, con el fin de conseguir los objetivos previstos con la mayor eficacia posible.

- **Programación:** se trata de planificar en un período concreto, otorgando a cada tarea o actividad el tiempo necesario para su realización.

- **Ejecución:** llevar a cabo las acciones previstas con los medios disponibles.

- **Seguimiento:** se trata de comprobar que las acciones se van desarrollando tal y como estaba previsto.

- **Introducción de medidas correctoras:** en el caso de que durante el desarrollo de las acciones surjan imprevistos o desviaciones, se deberán adoptar medidas correctoras.

- **Evaluación del trabajo realizado:** una vez finalizado todo el proceso, deberá realizarse una evaluación del mismo, para saber si se han conseguido los objetivos previstos. En caso contrario, deberá analizarse todo el proceso para detectar los errores, corregirlos y evitar su aparición en futuras ocasiones.

Existen varias herramientas para optimizar la gestión del tiempo en nuestra actividad laboral; una de ellas sería el **diagrama de Gantt** —también denominado *cronograma de barras*—, que consiste en una herramienta gráfica que *muestra el tiempo de dedicación previsto para diferentes tareas o actividades a lo largo de un tiempo total determinado*. Esta técnica tiene como objetivo visualizar el período de duración de cada actividad que se vaya a realizar, tomando en consideración las fechas de inicio y finalización, y el tiempo total que se requiere para cada una de ellas. De esta manera, se relacionan visualmente las diversas actividades de un proyecto de forma gráfica, mediante un sistema de coordinadas que recoge en el eje horizontal un calendario, y en el vertical, las diversas actividades que se van a realizar. El diagrama de Gantt utiliza una serie de símbolos, siendo los más utilizados: **inicio, fin, línea fina** (que indican la duración prevista de la actividad), **línea gruesa** (que indica la parte de la actividad que ya se ha realizado), el **plazo improductivo** y la **fecha de actualización** del gráfico. Existen varias herramientas informáticas con las que podemos realizar, de forma sencilla, estos diagramas de Gantt, siendo una de las más sencillas y más utilizadas la de Microsoft Project, puesto que nos facilita un seguimiento de los tiempos en los proyectos generando los correspondientes gráficos.

Asimismo, otro modelo de optimización del tiempo es el **método PERT**, una herramienta de planificación y control que permite a sus usuarios una mejor gestión del tiempo. Tras la cumplimentación del mismo, obtendremos el resultado más óptimo de una secuencia de actividades en un tiempo previamente establecido.

1.7.4. El reloj biológico. La curva de la actividad y la fatiga

El cuerpo humano se rige por el reloj biológico a través de los ritmos circadianos que se repiten cada 24 horas y que, entre otros aspectos, intervienen en el comportamiento humano y ayudan a diferenciar el día de la noche. Por ello, es importante identificar el ritmo de nuestro organismo, con el fin de aprovechar al máximo la jornada laboral. Conocer la curva de actividad nos servirá para conseguir una óptima distribución de las tareas, evitando, en la medida de lo posible, la aparición de la fatiga.

La primera hora de la mañana se considera el mejor momento para realizar actividades que requieren memoria a corto plazo o que se ejecuten de forma rápida, puesto que el cerebro está descansado y estimulado por la máxima producción de cortisol (considerada la hormona del estrés). A par-

Figura 1.5. Debemos identificar el ritmo de nuestro organismo con el fin de aprovechar al máximo la jornada laboral.

tir de las dos horas del inicio de la jornada laboral se consigue el mayor nivel de concentración, por lo que se debe aprovechar para realizar aquellas tareas que impliquen más dificultad. Pasado este momento, la curva de actividad empieza a descender, por lo que se recomienda la realización de actividades que no requieran mucha concentración. Asimismo, tras el almuerzo se produce un descenso del nivel de alerta, relacionado con la fase de digestión. Cabe destacar que después de un esfuerzo mental continuado pueden aparecer signos de fatiga, que deben ser tenidos en cuenta, puesto que en este caso nuestra capacidad de respuesta puede disminuir, provocando errores en nuestro trabajo y, en casos extremos, accidentes laborales.

1.7.5. El tiempo y el estrés

Una de las acepciones de la palabra estrés la define como *la situación en la cual las demandas externas (sociales) o las demandas internas (psicológicas) superan nuestra capacidad de respuesta*. De hecho, se considera que un cierto nivel de estrés en nuestras vidas es positivo, puesto que la tensión nos permite aprovechar mejor el tiempo y conseguir un mayor rendimiento. En nuestro día a día nos enfrentamos a múltiples situaciones estresantes que viviremos según nuestra propia percepción, por lo que una misma situación puede resultar estresante para una persona, pero no para otra. El problema surge cuando el nivel de estrés supera nuestra capacidad de respuesta (en este caso hablaríamos de un estrés malo —*distress*—). El estrés puede provocar síntomas de tipo físico o psíquico. Algunos de los síntomas de ámbito físico serían dolor de cabeza, dolor muscular, dificultad respiratoria, aceleración del ritmo cardíaco, etc. En el ámbito psíquico podría provocar: ansiedad, nerviosismo, ataques de pánico, cansancio, alteraciones del apetito, cambios de humor, etc. Si aparece una situación de estrés, lo primero que hay que hacer es identificar la causa que lo ha generado y tomar las medidas que sean oportunas. En este sentido, es importante ser asertivo y saber decir *no* cuando corresponda, prestar atención a la aparición de nuevos síntomas, no exceder el horario laboral,etcétera.

> *En el ámbito laboral el estrés puede ser producido por diferentes motivos como: un gran volumen de trabajo, la presión por cumplimento de plazos, la falta de autonomía o de reconocimiento social, problemas de relación con los compañeros, etcétera.*

1.7.6. Utilización de aplicaciones informáticas en la gestión del tiempo. Instalación. Funciones y procedimientos de las aplicaciones

En la actualidad existe una gran variedad de aplicaciones informáticas que nos ayudan a optimizar la gestión del tiempo y que realizan múltiples funciones tales como: la programación de tareas y actividades, calendarios, gestión documental, etc. Debido a que cada una de ellas dispone de diferentes características y finalidades, cada empresa se decantará por la instalación de aquella que mejor se adapte a sus necesidades y gustos, teniendo en cuenta los requisitos materiales que conlleve cada una de ellas, así como su carácter gratuito o de pago.

Asimismo, es muy importante que la empresa seleccione a las personas que puedan tener acceso a la misma mediante el permiso del administrador.

Por otra parte, para sacarles el máximo partido es preciso que el personal que trabaja con ellas sepa manejarlas correctamente.

> *Hoy en día las aplicaciones informáticas de gestión del tiempo son cada vez más intuitivas, lo que permite un fácil manejo de las mismas.*

1.8. La calidad en los trabajos de secretariado

La empresa está compuesta por varios elementos, siendo el **factor humano** el único que resulta imprescindible para su existencia. En la actualidad, se considera que el gran potencial de una empresa se halla en la capacidad de los trabajadores de la misma, por lo que es fundamental que todos los miembros de la organización tengan claros cuáles son los objetivos que deben alcanzar y enfoquen sus esfuerzos en conseguirlos. En este sentido, una fuerte cohesión en el grupo facilita la consecución de dichos objetivos. Asimismo, es primordial que toda persona tenga bien definidas sus funciones a través de un análisis de puesto de trabajo (APT) para evitar posibles conflictos de competencias. De hecho, la gran importancia de la delimitación de las funciones del personal se recoge también en los *diagramas de flujos de la empresa*, que consiste en

Figura 1.6. Asistente de dirección.

una representación gráfica en la que se visualizan de manera inmediata los procesos, herramientas y personal necesario con el fin de optimizar el tiempo de realización de una tarea.

Tal y como hemos visto en otros apartados del libro, para ser un buen asistente de dirección es necesario poseer un buen nivel de competencias, entendidas como el conjunto de conocimientos, destrezas y aptitudes necesarios para el correcto desarrollo de una profesión. Si bien habitualmente se suele dar más importancia a los dos primeros conceptos —poseer los conocimientos necesarios y tener habilidad para llevar a cabo las tareas asignadas—, no debemos olvidar que es fundamental poseer o adquirir las aptitudes más apropiadas para cada puesto de trabajo; entre estas, destacan la ética en el trabajo, la autoestima, mostrar respeto hacia los demás, ser discreto, etcétera.

Por lo general, el asistente de dirección desarrolla su trabajo formando parte de un equipo y es su obligación participar en los procesos de trabajo de la empresa, siguiendo, por un lado, las normas e instrucciones establecidas en su centro de trabajo y, por otro, cumpliendo un determinado **grado de calidad** previamente establecido. En el ámbito personal, también debe:

- Comportarse de manera responsable tanto en las relaciones humanas como en los trabajos que debe realizar.

- Respetar los procedimientos y normas del centro de trabajo.

- Emprender con diligencia las tareas según las instrucciones recibidas, tratando de que se adecuen al ritmo de trabajo de la empresa.

- Integrarse en los procesos de producción del centro de trabajo.

- Utilizar los canales de comunicación establecidos.

- Respetar en todo momento las medidas de prevención de riesgos, salud laboral y protección del medio ambiente.

Otro factor personal que influye en la calidad del trabajo consiste en poseer un alto grado de **responsabilidad**, por lo que se deben tener claros los objetivos, tanto personales como de la empresa, y ser conscientes de los propios límites. También influye en este aspecto la **capacidad de resolución de problemas**; así pues, una persona que posea esta cualidad será capaz de enfrentarse a un problema de manera eficaz haciendo un análisis de la situación, detectando los errores y proponiendo soluciones eficaces de manera constructiva.

En el ámbito práctico, para realizar todas las tareas encomendadas con un buen grado de calidad es necesario marcarse **objetivos realistas**, en función del tiempo disponible y la propia naturaleza de la tarea. Asimismo, es imprescindible que el asistente de dirección tenga un alto grado de **concentración** en la tarea que esté realizando y, a la vez, que tenga la suficiente **flexibilidad**, con el fin de poder cambiar de una a otra cuando sea preciso. Ahora bien, debe tenerse en cuenta que la realización de multitareas puede provocar el efecto contrario: no ser capaz de finalizar las tareas iniciadas puede generar frustración y estrés en el trabajador. Por último, otra herramienta de mejora de calidad es la **autoevaluación**, mediante la cual la persona analiza el proceso de su trabajo, lo que le permitirá detectar posibles errores, así como desarrollar o mejorar ciertas competencias.

1.9. Habilidades de relación interpersonal para optimizar el tiempo: iniciativa, proactividad, creatividad e innovación

En el caso que nos ocupa, como asistentes de dirección debemos ser capaces de desarrollar determinadas habilidades de relación interpersonal con el objetivo de optimizar el tiempo disponible de trabajo. Entre dichas habilidades está **la iniciativa**, muy valorada en el mercado laboral y entendida como la capacidad de llevar a cabo una tarea antes de recibir instrucciones de una tercera persona. Esta capacidad está directamente vinculada con la autonomía y la asunción de responsabilidad de cada persona, si bien su carencia puede estar motivada por varios aspectos como timidez o temor a realizar mal una tarea, por lo que es un término que está relacionado con el **desarrollo personal**. Una persona que tiene iniciativa es considerada **proactiva**, entendida como la capacidad que tenemos de escoger, en un momento dado, entre determinadas opciones.

> *En el* best seller Los siete hábitos de la gente altamente efectiva, *de Stephen R. Covey, se recoge la proactividad como uno de los hábitos necesarios para aumentar la efectividad en los ámbitos privado y laboral.*

Otras cualidades muy demandadas en el mercado laboral son la **creatividad e innovación**, términos que aluden a la capacidad de generar una idea o un producto no existente y que suponen un valor añadido tanto para el trabajador como para la empresa. La creatividad supone un cambio de perspectiva, una nueva forma de hacer las cosas, incorporando nuevos elementos o formas de trabajar.

1.10. Habilidades de relación interpersonal para optimizar el tiempo: asertividad, comunicación y negociación

En el ámbito laboral nos relacionamos a diario con personal de nuestra empresa o institución, así como con personas de otras organizaciones —clientes, proveedores, personal de reparto, etc.— por lo que, además de nuestros hábitos laborales, es fundamental desarrollar determinadas habilidades sociales que nos permitirán aprovechar al máximo el tiempo disponible. A continuación analizaremos las principales habilidades de relación interpersonal relacionadas con este concepto.

- La asertividad

  Ser una persona asertiva implica reafirmarse en las propias opiniones y defender los derechos sin ser agresivo con la otra persona o, lo que es lo mismo, se trata de expresar de manera natural tanto el enojo como el agrado y dominar situaciones problemáticas. Como cualquier otra habilidad social también se puede aprender.

PRINCIPALES ESTILOS DE COMPORTAMIENTO		
Estilo pasivo	Estilo agresivo	Estilo asertivo
Personas que permiten que otros tomen las decisiones por ellos. Poca confianza en sí mismas. Miedo a tomar la iniciativa.	Personas agresivas. Consideran su opinión como válida, despreciando las opiniones ajenas.	Personas que respetan los sentimientos y derechos ajenos. Expresivas en sus opiniones, sin despreciar las opiniones ajenas. Estilo más eficaz en las relaciones humanas.

Un ejemplo de comportamiento no asertivo que conlleva una pérdida de tiempo sería realizar una tarea que no corresponde a nuestro puesto de trabajo o que ha sido encomendada por una persona que no tiene competencia para ello, en estos casos es fundamental tener el suficiente aplomo para saber decir *no*.

> **Ejemplo de comportamiento ante una determinada situación:**
>
> En un día muy apurado de trabajo, con temas urgentes por el medio, el jefe encarga la preparación de un viaje a Holanda para una reunión que tendrá lugar dentro de un mes. Las posibles respuestas según los distintos estilos de comportamiento serían las siguientes:
>
> - **Estilo pasivo:** *de acuerdo, hoy quedará preparado. En cuanto esté listo, le acerco los datos del viaje.*
>
> - **Estilo agresivo:** *¿qué se cree? ¿No ve que tengo muchos asuntos por resolver?*
>
> - **Estilo asertivo:** *hoy me va a resultar muy difícil preparar el viaje, puesto que tengo muchos asuntos urgentes por resolver. Mañana a primera hora me pondré con ello y no se preocupe, que tenemos margen suficiente de tiempo para que todo salga a la perfección.*

- **Comunicación**

  La comunicación es un proceso mediante el cual una persona transmite a otra determinada información. En toda comunicación son imprescindibles los siguientes elementos:

  — **Emisor:** persona que transmite el mensaje.

  — **Receptor:** persona que recibe el mensaje.

  — **Mensaje:** es el contenido de la comunicación e incluye la información que se transmite de una persona a otra.

— **Canal:** es el medio físico por el que se transmite y se recibe el mensaje.

— **Soporte:** elemento material que contiene la información.

Fases de la comunicación

— **Elaboración del mensaje y transmisión:** el emisor elabora un mensaje con una determinada información y la transmite haciéndola llegar al receptor. Por ejemplo: siguiendo instrucciones del jefe de la empresa un asistente de dirección redacta y envía un *email* para la convocatoria de una reunión de jefes de departamento de la empresa.

— **Captación del mensaje y comprensión:** la captación tiene lugar cuando el mensaje ha llegado hasta el receptor. En el caso del envío del *email*, la captación del mensaje podría acreditarse a través de una confirmación de lectura del mismo. La comprensión del mensaje también es fundamental para que se produzca la comunicación, por lo que el emisor y el receptor deben compartir el mismo sistema de signos y el mismo código.

— **Respuesta:** en el momento en que se da respuesta al emisor del mensaje el sentido de la comunicación varía y la persona que era receptora del mismo pasa a ser emisora.

Cabe destacar la gran importancia de la correcta comprensión del mensaje, pues un malentendido nos hará perder mucho tiempo.

Para que la comunicación sea eficaz debemos tener en cuenta varios aspectos. En primer lugar, **el emisor** debe pensar el mensaje de forma previa a su emisión y ser capaz de elaborarlo de manera coherente. Asimismo, debe usar un lenguaje adaptado al receptor del mensaje y utilizar los canales más apropiados evitando todo tipo de distorsión del mismo. Por su parte, el **receptor** debe estar atento al mensaje —recordemos que no es lo mismo oír que escuchar, puesto que la escucha implica una actitud activa—. Además, debe hacer saber al emisor si no recibe de forma correcta el mismo (por ejemplo, en una conversación telefónica puede perderse parte de la información por problemas de cobertura), en cuyo caso es fundamental que se aclare la información recibida, con el fin de comprobar que sea la correcta.

Tipos de comunicación

Aunque existen varios tipos de comunicación, en este epígrafe analizaremos de manera resumida la comunicación verbal y la comunicación no verbal.

— **Comunicación verbal**: en este tipo de comunicación se incluyen la comunicación oral y la comunicación escrita.

- **La comunicación oral:** a diario recibimos y transmitimos mensajes de forma verbal, utilizando el lenguaje oral como medio de transmisión. Una de las principales ventajas de este tipo de comunicación es la inmediatez en la recepción y transmisión de la información. Sin embargo, debemos tener en cuenta —sobre todo en el ámbito laboral—, que en el lenguaje oral no existe posibilidad de comprobación posterior, por lo que se deberá prestar más atención en el intercambio de información. Asimismo, debemos tener en cuenta nuestra capacidad limitada de retener información. De hecho, probablemente solo recordemos aquello que consideremos más importante o necesario, por lo que es preciso tomar nota de toda la información recibida. En este sentido, un error en un dato mal anotado puede acarrear consecuencias negativas en nuestro trabajo.

- **La comunicación escrita:** incluye la correspondencia comercial, tanto en formato tradicional como electrónico. Su principal ventaja es la posibilidad de comprobación posterior, puesto que la información queda registrada y es más difícil de tergiversar. Por el contrario, la desventaja es que la elaboración de un mensaje escrito conlleva más tiempo que uno oral.

> *Tal y como se recoge en todos los manuales de estilo, la redacción de los mensajes en la comunicación verbal debe tener las siguientes características: brevedad, claridad, concisión, precisión, uso de lenguaje sencillo y adaptado al receptor o receptores, etcétera.*

Obstáculos de la comunicación verbal

Existen diversos factores que pueden constituir un obstáculo para una correcta comunicación verbal:

- **Barreras físicas:** la existencia de ruidos o interferencias cuando hablamos por teléfono.

- **Barreras personales:** entre este tipo de obstáculos destacan: no escuchar, anticiparnos a lo que nos van a decir, prejuzgar, hacer las tareas con prisa, no aclarar lo que no se haya entendido por temor a quedar mal, animadversión personal, etcétera.

- **Errores técnicos:** en el caso de comunicaciones por escrito se trataría, por ejemplo, de archivos adjuntos a *emails* que no se pueden abrir, redes demasiado ocupadas, etcétera.

— **La comunicación no verbal**

Cuando hablamos de comunicación, debemos tener en cuenta también la existencia de la comunicación no verbal, puesto que aunque estemos en silencio, nuestro cuerpo sigue comunicándose. Algunos de los aspectos que se incluyen en este tipo de comunicación serían la distancia entre personas, la orientación corporal, la orientación visual, la expresión facial, los gestos corporales, etcétera.

> *Con el fin de no cometer errores de etiqueta, es necesario conocer el significado de los principales gestos según las distintas culturas con las que nos relacionamos más a menudo en el ámbito laboral o personal.*

- **La negociación**

La negociación es una eficaz herramienta mediante la que una o más partes tratan de llegar a acuerdos sobre conflictos que les atañen y conseguir un beneficio mutuo. En el ámbito empresarial, la negociación es una acción que forma parte de su día a día, ya que, por ejemplo, se negocia un contrato de suministros, un convenio colectivo, la mejora de las condiciones laborales, etc. Un buen asistente de dirección debe poseer esta habilidad, pues esto repercute en un óptimo aprovechamiento de su tiempo de trabajo. En este sentido, tendrá que conocer los principios básicos de la misma, puesto que podrá utilizarlos en numerosas situaciones como, por ejemplo, la negociación con diferentes proveedores o respecto a los horarios más adecuados para una reunión. Con el fin de aprovechar el tiempo en las negociaciones se deben hacer **pequeñas cesiones** por ambas partes, que consisten en ceder en algún aspecto de menor importancia, ya que predisponen a concesiones de verdadera importancia para lograr el acuerdo final. Los aspectos para conseguir que la negociación sea un éxito son los siguientes:

— Definición de objetivos.

— Preparación exhaustiva.

— Rigurosidad.

— Habilidades personales: respeto, empatía, creatividad, asertividad, paciencia, etcétera.

La **estrategia** es el conjunto de acciones que adopta cada una de las partes en una negociación; existen cuatro posibles:

— **Ganar/Ganar:** se trata de una negociación de **cooperación**, ya que todas las partes salen beneficiadas tras haber conseguido buena parte de lo que pretendían. Esta estrategia es la más recomendable de todas y es propia de las personas asertivas.

— **Ganar/Perder:** se trata de una negociación de **competición**, ya que se utilizan técnicas para buscar los puntos débiles de la otra parte y así vencer bajo presión y conseguir beneficios a costa de sus pérdidas, lo que imposibilita una colaboración abierta y productiva.

— **Perder/Ganar:** se trata de una negociación **mixta** en la que se combinan los dos tipos anteriores, aplicando conductas de cooperación y competición.

— **Perder/Perder:** todas las partes terminan derrotadas, por lo que la sensación general es de frustración. Lo recomendable es agotar todas las vías antes de llegar a la ruptura en una negociación.

En cuanto a las **tácticas**, existen dos tipos:

— **Tácticas de desarrollo:** no dañan la relación entre las partes, puesto que cada parte se limitará a aplicar la estrategia diseñada previamente, sin que ello suponga atacar a los otros —facilitar la información que nos resulte más conveniente para la otra parte, realizar la primera concesión o bien esperar que sea la otra parte quien la haga en primer lugar; intentar que la reunión tenga lugar en la propia sede, en la de la otra parte o en lugar neutral, etc.—. Estas tácticas son las más recomendables porque ayudan a encaminar la estrategia establecida antes de la reunión.

— **Tácticas de presión:** debido a la presión que ejercen ante el contrario, pueden dañar gravemente las relaciones entre las partes —intimidación, amenazas, tácticas engañosas, ultimátum, etc.—. Por ello, se debe evitar utilizar este tipo de tácticas, ya que, si bien a corto plazo pueden resultarnos beneficiosas, terminan ofreciendo una mala imagen.

1.11. El puesto de trabajo de la secretaria: el despacho, el mobiliario de oficina, el escritorio, las herramientas de trabajo (ordenador, fax, teléfono, fotocopiadora, grabadora, agenda), el material de trabajo (papel, sobres, etc.), menaje y suministros varios

Tal y como hemos visto anteriormente, el **despacho** del asistente de dirección suele ser adyacente al de su jefe y debe estar siempre perfectamente ordenado y limpio. Estos despachos están equipados con **mobiliario de oficina** que, ante todo, debe ser práctico y seguir la estética del recinto. Además del uso de estanterías —que deben estar perfectamente colocadas para ofrecer una imagen ordenada—, es recomendable que los armarios tengan puertas para proteger bajo llave documentos confidenciales.

- El **escritorio** o mesa de trabajo debe estar ubicado frente a la puerta de entrada con el fin de controlar a todas las personas que acceden, así como para evitar miradas indiscretas a la pantalla del ordenador o documentos en los que estemos trabajando. La mesa debe estar siempre perfectamente ordenada, ya que lo contrario produce una pésima imagen, además de la consiguiente pérdida de tiempo por tener que buscar un determinado documento que se haya traspapelado. La mesa más habitual tiene forma de L, lo que permite disponer de un mayor espacio de trabajo y sobre esta se dispondrán las bandejas apilables, clasificadas según asuntos urgentes, pendientes o para archivar; asimismo, también pueden utilizarse bandejas de entrada y salida de documentos. Las mesas suelen incluir cajoneras, en las que se guardan diversos objetos: al menos, uno de los cajones debe tener cerradura con el fin de guardar en él objetos de valor o documentos que estemos manejando en un momento dado; en otro de los cajones se suele guardar cierto material de oficina que solo el asistente de dirección puede utilizar o prestar en un momento determinado a un compañero, como, por ejemplo, los sellos de empresa. Otro de los cajones se suele destinar para efectos personales.

Figura 1.7. Despacho.

- La **silla** deberá ser ergonómica, con el fin de mantener una buena postura corporal y prevenir posibles lesiones.

- Sobre la mesa solo deben estar las **herramientas de trabajo** imprescindibles, es decir: equipo informático, teléfono, material de oficina, etcétera.

- El **ordenador** es una herramienta básica en el trabajo diario y una gran parte de la jornada laboral del asistente de dirección se desarrolla frente al mismo, por lo que es imprescindible que disponga de una buena pantalla de visualización de datos y que cuente con un teclado y ratón ergonómicos.

- El **fax** y la **fotocopiadora** son máquinas por lo general ruidosas, por lo que, en la medida de lo posible, deberían estar fuera del despacho con el fin de evitar la contaminación acústica, ya que el ruido impide la concentración y dificulta la comunicación.

> Con el fin de evitar posibles accidentes, todos los equipos que precisen conexión a la red eléctrica deben estar dispuestos de tal manera que en el despacho no haya cables sueltos.

- Respecto al **teléfono**, se debe escoger un timbre de volumen que sea perfectamente audible, pero no estridente.

- La ventaja principal de una **grabadora** es que permite la transcripción de su contenido de manera segura y sin errores, ya que se puede consultar todas las veces que sea necesario. Debido a los contenidos confidenciales que puede albergar, se guardará en el cajón con llave.

- Cuando se utiliza la **agenda** en soporte papel, debe estar siempre sobre la mesa, con el fin de consultarla las veces que sea preciso.

- El **material de trabajo** comprende numerosos elementos —papel, sobres, etiquetas, cartulinas, bolígrafos, grapadoras, gomas elásticas, gomas de borrar, bandejas apilables, clips, pósit, etc.—, y será responsabilidad del asistente hacer un continuo seguimiento del *stock* disponible. En algunas empresas será también función del asistente gestionar la adquisición de los mismos, buscando la mejor relación calidad/precio y utilizando las técnicas de negociación más eficientes, relativas a calidades, condiciones de pago, transporte, rapeles, servicio posventa, etcétera.

- Por último, algunos despachos cuentan con un pequeño *office* en el que se preparan los agasajos de negocios más habituales como desayunos o almuerzos de empresa para lo que cuentan con el **menaje** necesario para tal fin —vajilla, cubertería, cristalería, etc.—, así como **suministros varios** como leche, azúcar, aguas, cava, refrescos, zumos, etc. En este sentido, también es responsabilidad del asistente hacer un estricto seguimiento del *stock* y los pedidos necesarios.

1.12. La recepción de la empresa, la sala de reuniones, el salón de actos y otras dependencias de la organización

En una empresa debe respetarse siempre la imagen corporativa ofreciendo una imagen impecable en los ámbitos interno y externo, por lo que todas las dependencias deben seguir los mismos criterios estéticos.

- La **recepción** es la estancia que ofrece la primera impresión a los visitantes, por lo que debe ser confortable, luminosa, bien decorada y dispondrá de sala de espera, con sillas cómodas y una óptima temperatura ambiental. Asimismo, dependiendo de su carácter privado o institucional, dispondrá de las banderas oficiales pertinentes. En este sentido es fundamental que estén bien ordenadas.

- Al igual que el resto de estancias de la empresa, **la sala de reuniones** debe cumplir una serie de requisitos:

  — Ser funcional y, al mismo tiempo, confortable.

  — Luz y temperatura ambientales adecuadas.

  — Excelente acústica.

  — Amplitud adecuada: en función del número de asistentes, ni demasiado grande ni demasiado pequeña.

  — Material de apoyo: retroproyector, cañón de diapositivas, ordenadores, teléfonos, etcétera.

  — Sala privada adicional a disposición de los participantes, en caso de que la necesiten para sus deliberaciones.

  — Las mesas y sillas deben ser confortables y cómodas para las personas asistentes y guardarán los criterios estéticos del resto de la sala. Por otra parte, debe hacerse una elección correcta del tamaño y tipo de mesa, en función del número de participantes y de delegaciones. No olvidemos colocar en cada puesto el material de trabajo pertinente: bloc de notas, bolígrafos, clips, etc., así como los tarjetones de puesto de mesa. En caso de colocar un centro floral será discreto, de pequeño tamaño y no desprenderá perfume alguno.

- El **salón de actos** de una empresa o institución es la estancia donde se desarrollan los eventos más importantes. Por lo general, los materiales, diseño y acabados del salón de actos suelen ser de calidades superiores y, en función de su categoría, algunos están decorados con tapices, alfombras, etc. Habitualmente están equipados con medios audiovisuales y tecnológicos que se utilizarán en juntas de accionistas, comités de empresa, etcétera.

Figura 1.8. Salón de actos.

1.13. Prevención de riesgos laborales

La Organización Internacional del Trabajo (OIT) define la salud laboral u ocupacional como la *dirigida a promover y mantener el más alto nivel de bienestar físico, mental y social de los trabajadores de todas las profesiones*. De forma resumida, según la OIT se debe **prevenir** todo daño causado a la salud de los trabajadores por las condiciones de trabajo; **adaptar** el puesto de trabajo a la persona y **formarla** para desarrollar dicho trabajo de manera correcta y segura. Tal es la importancia de la prevención de riesgos laborales que la propia Constitución española reconoce como uno de los Principios Rectores de la Política Social y Económica, en su artículo 40.2, la obligación de los poderes públicos de velar por la seguridad e higiene en el trabajo. En base a este mandato constitucional, se desarrolla y se aprueba en España la Ley de Prevención de Riesgos que se expone a continuación.

Artículo 40.2.

1. *Los poderes públicos promoverán las condiciones favorables para el progreso social y económico y para una distribución de la renta regional y personal más equitativa, en el marco de una política de estabilidad económica. De manera especial realizarán una política orientada al pleno empleo.*

2. *Asimismo, los poderes públicos fomentarán una política que garantice la formación y readaptación profesionales;* **velarán por la seguridad e higiene en el trabajo** *y garantizarán el descanso necesario, mediante la limitación de la jornada laboral, las vacaciones periódicas retribuidas y la promoción de centros adecuados.*

Es obligación del trabajador respetar en todo momento las medidas de prevención de riesgos, salud laboral y protección del medio ambiente.

1.13.1. Normativa actual. La Ley de Prevención de Riesgos Laborales

La Ley 31/1995, de 8 de noviembre, de Prevención de Riesgos Laborales (LPRL) tiene como objeto *promover la seguridad y la salud de los trabajadores mediante la aplicación de medidas y el desarrollo de las actividades necesarias para la prevención de riesgos derivados del trabajo.* Esta ley tiene en cuenta la legislación existente en el ámbito europeo relativa a la prevención de riesgos derivados del trabajo entre las que destaca la Directiva 89/391/CEE, relativa a la aplicación de las medidas para promover la mejora de la seguridad y de la salud de los trabajadores en el trabajo. Esta directiva marco constituyó un punto de partida fundamental en el tema de prevención de riesgos laborales, garantizando unos requisitos mínimos en materia de salud y seguridad que se deben cumplir en los países pertenecientes a la Unión Europea. Otras directivas, son las 92/85/CEE, 94/33/CEE y 91/383/CEE relativas a la protección de la maternidad y de los jóvenes y al tratamiento de las relaciones de trabajo temporales, de duración determinada y en empresas de trabajo temporal.

- Conceptos fundamentales en LPRL

    El artículo 4 de la LPRL recoge, entre otras, las siguientes definiciones que nos ayudarán a comprender mejor esta materia, directamente relacionadas con el personal de oficinas:

    — **Prevención**: conjunto de actividades o medidas adoptadas o previstas en todas las fases de actividad de la empresa con el fin de evitar o disminuir los riesgos derivados del trabajo.

    — **Riesgo laboral**: posibilidad de que un trabajador sufra un determinado daño derivado del trabajo.

    — **Daños derivados del trabajo**: enfermedades, patologías o lesiones sufridas con motivo u ocasión del trabajo.

    — **Equipo de trabajo**: cualquier máquina, aparato, instrumento o instalación utilizado en el trabajo.

    — **Condición de trabajo**: cualquier característica del mismo que pueda tener una influencia significativa en la generación de riesgos para la seguridad y la salud del trabajador.

1.13.2. La carga de trabajo, la fatiga y la insatisfacción laboral

Cuando hablamos de prevención de riesgos laborales se tiende a relacionar este término con accidentes. Sin embargo, existen otros componentes psicosociales que influyen de manera negativa en nuestro desempeño profesional y que analizaremos a continuación. En este sentido, la **psicología del trabajo** (anteriormente denominada *psicología industrial*) es un campo de estudio que analiza el comportamiento de las personas, grupos y organizaciones en el ámbito laboral.

> *La OIT (Organización Internacional del Trabajo) define los factores psicosociales como las interacciones entre las condiciones de trabajo y las capacidades, necesidades y expectativas del trabajador, que están influenciadas por las costumbres, cultura y condiciones personales fuera del trabajo.*

Hoy en día el mercado de trabajo está marcado, entre otros, por la exigencia de un alto nivel de productividad, competitividad, cumplimiento de objetivos, etc., por lo que este tipo de situaciones puede provocar en los trabajadores una sensación de **carga de trabajo**, que a su vez, puede ser de tipo físico o mental. La carga física incluye el tema de manipulación manual de cargas.

Centrándonos en las tareas de un asistente de dirección, trabajador que pasa gran parte de su jornada laboral sentado, es necesario que adopte las posturas correctas con el fin de evitar la carga de **trabajo físico**. Respecto a la **carga mental**, esta hace referencia a la carga psicológica que conlleva la realización de la actividad laboral cuando el trabajador realiza un gran esfuerzo mental que puede acarrear trastornos del comportamiento o fatiga y que está relacionado con las actividades propias del puesto de trabajo —tratamiento de información, volumen de trabajo, concentración, toma de decisiones, etc.—. Asimismo, la carga mental también puede estar influenciada por otros elementos como las condiciones físicas de la oficina —existencia o no de ruidos, iluminación natural o artificial, condiciones climáticas incómodas, etc.—; factores sociales de la empresa —entre los que se incluiría la existencia o no de acciones de conciliación de la vida personal, laboral y familiar— o condiciones personales.

En estas situaciones de sobrecarga puede aparecer la **fatiga**, sensación de cansancio que se origina tras haber estado expuesto durante un tiempo —puntual o continuo— a una situación de sobreesfuerzo o tensión. Nos centraremos en este apartado en la fatiga laboral, que a su vez puede ser, principalmente, de tipo físico o mental. La fatiga mental produce una disminución de la eficiencia laboral debida al desequilibrio entre las tareas del trabajo que se debe realizar y las capacidades personales. Suele aparecer en trabajos sedentarios, en apariencia sencillos, pero que pueden producir estrés, así como en el ámbito físico trastornos musculoesqueléticos (por ejemplo, el síndrome del túnel carpiano, muy frecuente entre personas que trabajan con equipos informáticos). Entre las consecuencias de la fatiga destacan, entre otras, la disminución del estado de alerta, el incremento de errores por la monotonía, la exigencia de plazos o la reducción de la capacidad de análisis o memoria.

> *Es necesario que cada empresa o institución analice las características de sus condiciones de trabajo con el objetivo de reducir la fatiga de su personal o implantar las medidas de prevención necesarias.*

Por otra parte, es muy importante evitar la aparición de la **insatisfacción laboral**, o grado de malestar que una persona experimenta en el trabajo y que puede estar relacionado con factores psicológicos y sociales. Cada persona reaccionará de distinta manera ante las demandas de la empresa en la que trabaje —según sus características de personalidad y experiencias previas—, pero, básicamente, responderán de manera similar ante los siguientes elementos: jornada laboral, volumen de trabajo, turnos, estilo directivo, formación, etc. Entre las causas de insatisfacción laboral destacan: la desmotivación, la remuneración económica, la falta de reconocimiento social, las jornadas laborales excesivas, etc. La insatisfacción laboral puede provocar insomnio, depresión o trastornos del aparato digestivo, y en el ámbito psíquico ocasiona irritabilidad, cefaleas, o trastornos de comportamiento —quejas, rechazo a la realización de tareas encomendadas, resignación, inseguridad, etc.—. Por ello, se recomienda ser capaces desde la empresa de crear un buen clima laboral y de satisfacción. En este sentido sería recomendable, por ejemplo, la implantación de medidas de conciliación laboral.

1.13.3. Criterios ergonómicos

Una de las disciplinas en las que se divide la prevención de riesgos laborales es la **ergonomía**, definida por la Real Academia Española como *estudio de la adaptación de las máquinas, muebles y utensilios a la persona que los emplea habitualmente, para lograr una mayor comodidad y eficacia.* Con la evolución de los puestos de trabajo, las personas que trabajan en el sector de oficinas y despachos desarrollan la mayor parte de la jornada laboral sentados frente a una mesa de ordenador. Sin embargo, esta no es la postura natural del cuerpo, por lo que, con el fin de evitar las consecuencias de la vida sedentaria, es conveniente tener en cuenta las recomendaciones proporcionadas por MC Mutua. Dicha mutua ha editado un *Manual de Prevención de Riesgos Laborales en oficinas y despachos,* en el que se recogen las medidas preventivas para eliminar situaciones que conlleven riesgo para la salud de los trabajadores. En uno de sus apartados este manual hace referencia a los riesgos de las posturas y movimientos adoptados que se resumen a continuación:

- La **postura estática,** al permanecer continuamente sentado, además de afectar a la circulación sanguínea, puede conllevar fatiga y problemas musculoesqueléticos.

- Una **inadecuada configuración del puesto de trabajo,** así como hábitos incorrectos adoptados por el trabajador, supondrán posiciones forzadas de cuello, brazos o espalda, que también pueden derivar en alteraciones sobre la salud.

- El **uso del ordenador** implica en ocasiones la realización de movimientos repetidos que pueden repercutir en lesiones en la zona de la mano-muñeca.

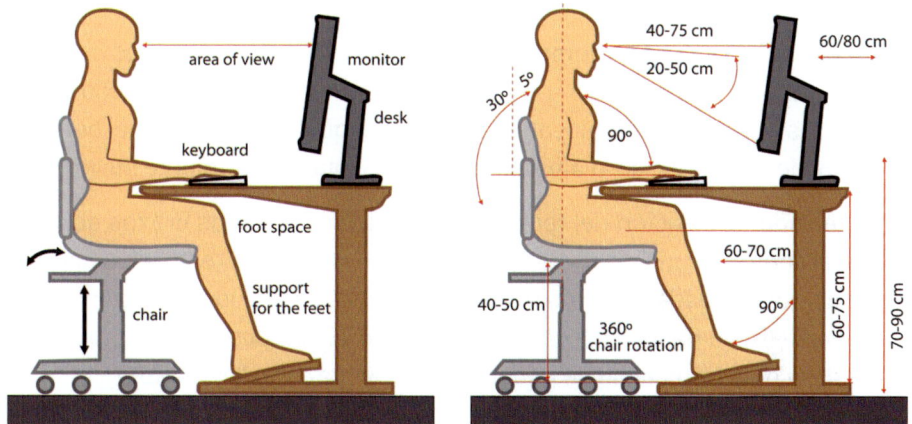

Figura 1.9. Posturas ergonómicas.

Medidas preventivas

A continuación se expone una serie de consejos sobre las condiciones del puesto de trabajo:

- **La superficie de trabajo:** los equipos de trabajo que suelen estar sobre la mesa son: pantallas de visualización de datos con teclado, equipos de telecomunicación —teléfono, fax, etc.—, calculadora y lámpara, etc. Por ello, la superficie de trabajo debe ser suficientemente amplia y espaciosa y de dimensiones adecuadas para que la persona pueda alcanzar los elementos necesarios sin adoptar posturas forzadas. Una buena posición es aquella en la que la persona está en el centro de una superficie curva que permite acceder a cualquier punto de la mesa sin realizar esfuerzos y colocar la pantalla enfrente para no realizar posturas forzadas con el cuello.

- **La silla de trabajo:** de su diseño dependerá que la persona mantenga la espalda recta y relajada y el cuello en postura no forzada, así como permitir una buena circulación sanguínea en las extremidades inferiores. Debe ser ajustable en altura del asiento e inclinación y altura del respaldo, y también debe permitir apoyar los brazos sobre la mesa, manteniendo los codos con un ángulo de 90 grados y las muñecas rectas en línea con el antebrazo, sobre el teclado. Asimismo, debe ser giratoria, con cinco puntos de apoyo y ruedas que permitan un fácil desplazamiento. Los apoyabrazos deben permitir acercar la silla al máximo a la mesa. El asiento estará ligeramente inclinado hacia atrás obligando a la utilización del respaldo.

- **El reposapiés:** se recomienda su uso cuando, al ajustar la silla a la altura de la mesa, las piernas no apoyan suficientemente sobre el suelo, y debe ser móvil para colocarlo según necesidades del usuario.

- **La pantalla, situación geométrica, altura e inclinación:** con la posición de la pantalla se evitará el dolor y disconfort de la musculatura del cuello y hombros. La pantalla debe colocarse a una altura que haga coincidir el borde superior de la misma con la altura de los ojos y estará ligeramente inclinada.

- **El teclado:** la posición del teclado permitirá mantener los brazos doblados por el codo, con un ángulo de 90 grados, con la espalda recta y los hombros en postura relajada mientras trabaja y permitirá apoyar los brazos encima de la mesa. Debe haber un espacio mínimo de 10 cm desde el teclado al borde de la mesa, con el fin de poder apoyar los brazos y las manos.

- **El ratón:** su uso continuado puede producir una postura forzada de la muñeca, por lo que deben tenerse en cuenta las mismas recomendaciones que para el teclado (la mano sobre el ratón y la muñeca recta; el codo debe formar ángulo recto y el brazo debe poder descansar sobre la mesa).

- **El reposamuñecas:** se utiliza para mantener la muñeca apoyada a la altura suficiente para poder trabajar con la muñeca recta.

- **El portadocumentos:** se recomienda en aquellos puestos donde la tarea principal es transcribir datos de documentos a soporte informático.

Manipulación manual de cargas

Si bien la manipulación de cargas no es tarea habitual en los trabajadores del sector de oficinas, en determinados momentos se deben manejar pesos. Para evitar el dolor de espalda al levantar cargas se debe: colocar los pies separados, flexionar las rodillas, acercar la carga lo máximo posible al cuerpo, mantener la espalda recta y ligeramente inclinada hacia delante, y elevar la carga realizando la fuerza con las piernas y no con la espalda.

Fatiga visual

Las principales causas de la fatiga visual son, entre otras: el contraste y el brillo de la pantalla inadecuadamente ajustados, la iluminación del puesto de trabajo insuficiente o excesiva que obliga a forzar la vista, así como los reflejos que incidan sobre la pantalla. Por todo ello, se recomienda ajustar tanto el brillo como el contraste.

Confort acústico

El ruido es un sonido no deseado que interfiere en la concentración intelectual.

Confort térmico

Para mantener el confort térmico es recomendable que cada persona pueda regular de forma individual sus condiciones de temperatura y humedad. Para protegerse de entradas de calor deben colocarse persianas o cortinas de lamas en las ventanas. Las entradas de frío se deben limitar cerrando y sellando filtraciones de aire.

Para evitar problemas de salud, como dolor en zona cervical, lumbar, hombros y brazos o muñecas, se recomienda la práctica del ejercicio físico.

EJERCICIOS DE AUTOEVALUACIÓN

1.1. ¿En qué consiste planificar? ¿De qué tipo de planificación hablamos en el caso de los asistentes de dirección?

1.2. ¿En qué momento del día es mayor la curva del rendimiento?

1.3. ¿Qué son los ladrones de tiempo? Enumera tres de ellos.

1.4. ¿Cuáles son las fases que debemos identificar y saber aplicar en el desarrollo de cualquier actividad o tarea?

1.5. Detalla algunos de los motivos que pueden provocar estrés.

1.6. Enumera las fases de la comunicación.

1.7. ¿Qué tipos de estrategias existen en la negociación?

1.8. Detalla cuatro requisitos que debe cumplir una sala de reuniones.

1.9. ¿Cuáles son los conceptos fundamentales en la Ley de Prevención de Riesgos Laborales?

1.10. ¿Qué es la ergonomía? Enumera tres medidas preventivas relativas a las condiciones del puesto de trabajo.

Indica si las siguientes afirmaciones son verdaderas o falsas (V/F):

1.11. En el sector técnico resulta de gran ayuda analizar los medios y métodos de trabajo.

1.12. La organización no es una cualidad imprescindible para conseguir una mayor eficiencia en el trabajo.

1.13. La procrastinación está considerada como un buen hábito de trabajo.

1.14. Un buen asistente de dirección debe ser flexible y tener un alto grado de concentración en su trabajo.

1.15. Saber negociar no es una competencia propia de un asistente de dirección.

1.16. Las tácticas de desarrollo no dañan las relaciones entre las partes.

1.17. La mesa de trabajo del asistente debe dar la espalda a la puerta de entrada de su despacho.

1.18. La prevención de riesgos laborales es un asunto de escasa importancia.

1.19. La psicología del trabajo es un campo de estudio que analiza el comportamiento de las personas, grupos y organización en el ámbito laboral.

1.20. La postura estática puede conllevar fatiga y problemas musculoesqueléticos.

2. Procesos y procedimientos del tratamiento de la información en la empresa. El archivo

Introducción

Toda empresa, independientemente de su tamaño y del sector al que pertenezca —público o privado—, genera un considerable volumen de documentos e información en su quehacer diario. Por ello, una de las tareas imprescindibles en la empresa, y que frecuentemente suele recaer en el asistente de dirección, es la recepción y el archivo de la documentación y la información generada o recibida.

Contenido

2.1. Flujo documental en la empresa

Según definición de la RAE, el archivo es un *conjunto ordenado de documentos que una persona, una sociedad, una institución, etc. producen en el ejercicio de sus funciones o actividades*; asimismo, la palabra archivo hace referencia al *lugar donde se custodian uno o varios archivos o a la acción y efecto de archivar (guardar documentos o información en un archivo).*

Toda la documentación e información generada o recibida debe ser registrada para tener un control de las actividades realizadas en la empresa, así como para asegurarse del cumplimiento de la normativa vigente al respecto. Debe tenerse en cuenta que la función de archivo es una de las tareas más importantes en las organizaciones y empresas, puesto que su correcta gestión facilitará el resto de las actividades que se vayan a realizar en la misma. Así pues, como asistentes de dirección si nuestro jefe nos solicita en un momento dado un determinado documento. Debemos tener en cuenta que un buen sistema de archivo, además del ahorro de tiempo, nos permitirá ser más eficientes en nuestro trabajo; por eso, cada empresa debe elegir el sistema de archivo que más se adecúe a sus necesidades siguiendo algún sistema de clasificación adoptado previamente.

> *Existen varias vías de entrada o salida de documentos: presencial (mediante la entrega o registro en la propia oficina o registros autorizados),* email, *correo postal, fax, etcétera.*

Cada empresa debe elegir el sistema de archivo que más se adecúe a sus necesidades siguiendo algún sistema de clasificación adoptado previamente; debemos tener en cuenta que un buen sistema de archivo, además del ahorro de tiempo, nos permitirá ser más eficientes en nuestro trabajo. Asimismo, debemos ser capaces de identificar los documentos que deben ser archivados, así como aquellos que van a ser destruidos. De este modo, evitaremos un almacenamiento innecesario de papeles, con el consiguiente ahorro de espacio y un menor consumo de papel y tinta, aspectos indispensables para contribuir a la protección del medio ambiente. Por lo que respecta a los profesionales implicados en el archivo, dependerá de la entidad la designación del personal encargado de realizar esta tarea; así pues, según el tamaño de la empresa nos podemos encontrar con que la tarea de archivo es responsabilidad de una o varias personas o bien que dicha tarea pueda ser realizada por todos los trabajadores de la misma. En cualquier caso, es muy importante que todos los empleados conozcan el criterio de clasificación seguido en el archivo, por si se ausentase la persona encargada del mismo.

> *Dos son las cualidades imprescindibles de las personas encargadas del archivo: ser ordenadas y metódicas.*

Antes de crear un archivo en la empresa debemos analizar varios aspectos:

- En primer lugar, debemos diferenciar entre los documentos que vayan a ser archivados y los que vayan a ser eliminados.

- En función del tamaño de la empresa, se creará un archivo centralizado o el departamental, ubicado en las distintas áreas de la misma (por ejemplo, departamento de personal, departamento financiero, departamento comercial, etcétera).

- A continuación, escogeremos el sistema de archivo más apropiado a nuestras necesidades, aunque esta decisión no es férrea, ya que podremos modificarlo *a posteriori* por otro más conveniente.

2.2. Clasificación de los documentos

Si bien la palabra *documento* se utiliza de forma genérica, existen diferentes tipos que a su vez pueden ser clasificados de varias maneras tal y como veremos a continuación.

2.2.1. Vitales, útiles, importantes, necesarios, transitorios, desechables

Los documentos pueden ser clasificados según su función y su ciclo de vida, teniendo en cuenta la actividad de la empresa y la normativa vigente respecto a la custodia o destrucción de los mismos. Un documento pasa por diversas etapas desde que es generado hasta su archivo o destrucción. A este proceso se lo denomina **ciclo de vida del documento** y se trata de un aspecto fundamental, ya que, del mismo, dependerá el período de tiempo que deberá ser conservado; por ejemplo, en el caso de empresas con ficheros que contengan currículums de solicitantes de empleo, esta podrá conservar los datos durante un año a partir de la fecha de entrada, transcurrido el cual estará obligada a la destrucción de los mismos. Por otra parte, la conservación de los documentos vendrá marcada por su valor administrativo, legal o histórico.

Según la frecuencia de utilización de los documentos podemos distinguir tres tipos de archivo:

- **Archivo de gestión:** anteriormente denominado *archivo activo*, incluye aquellos documentos que son de consulta frecuente. En este tipo de archivo se incluyen los documentos vitales. Los factores que determinan este tipo de archivo son: la frecuencia de consulta o que se trate de un expediente con el que se está trabajando a corto plazo.

- **Archivo intermedio:** está compuesto por documentos de menor vigencia que deben ser revisados para ser destruidos o transferidos al archivo histórico. Se recomienda que dichos documentos sean revisados tres o cuatro semanas antes de tomar una decisión. A este tipo de archivo anteriormente se los denominaba *archivo semiactivo*.

- **Archivo histórico:** contiene aquellos documentos que se conservan de forma definitiva debido a su valor histórico o documental o que estamos obligados a conservar por ley. Este tipo de archivo era conocido como *archivo inactivo*.

  - **Documentos vitales:** son aquellos que contienen documentos de asuntos en activo y que pueden ser consultados en cualquier momento, en cuestión de días, semanas o meses. Tal sería el caso de la constitución de empresas.

  - **Documentos útiles:** son aquellos que las empresas utilizan temporalmente, pero son necesarios para las operaciones del día a día como, por ejemplo, correspondencia, memorandos, etcétera.

  - **Documentos importantes:** aquellos que pueden ser necesarios para la constitución de instituciones o empresas como, por ejemplo, permisos, patentes o inventarios.

  - **Documentos necesarios:** aquellos que tienen la consideración de trascendentales para individuos e instituciones. Tal sería el caso de licencias, planos, actas de juntas o constitución de empresas, fotocopias de pasaportes, etcétera.

  - **Documentos transitorios:** aquellos que contienen información rutinaria como, por ejemplo, solicitudes o material publicitario. Este tipo de documentos pueden ser expurgados en cuanto sean tramitados.

  - **Documentos desechables:** aquellos que pueden ser destruidos una vez que finaliza su ciclo vital, por lo que no es necesaria su conservación.

TEORÍA DE LAS TRES EDADES (ciencia archivística)		
Primera edad	Documentación activa	Archivo de oficina
Segunda edad	Documentación semiactiva	Archivo central
Tercera edad	Documentación inactiva	Archivo histórico

2.2.2. Documento, informe, expediente, dosier, valija y otros

- **Documento**

  La RAE define el documento como el *escrito en que constan datos fidedignos o susceptibles de ser empleados como tales para probar algo.* Los documentos pueden tener soporte papel o electrónico. Asimismo, existen diferentes tipos de documentos según la información que contengan: texto, gráficos, informáticos, imágenes, audiovisuales, etcétera.

- **Informe**

  Un informe se define como la *exposición oral o escrita sobre el estado de una cosa o persona, sobre las circunstancias que rodean un hecho, etc.* Los informes pueden ser de muy diversas naturalezas, por lo que entre otros aspectos dependerán del departamento en el que se realicen, de los objetivos propuestos, de la institución, etc. Asimismo, según la materia se clasifican en: técnicos, científicos, de divulgación y mixtos. Los informes se dividen en las siguientes partes: portada, título, estructura, índice, contenido, resumen y conclusiones finales. Las normas de estilo para elaborar un informe exigen que se hagan en un lenguaje conciso y sencillo, teniendo en cuenta que el lenguaje técnico sea el apropiado según los destinatarios y que los datos incluidos sean veraces y exactos.

- **Expediente**

  Entre las numerosas acepciones del término ofrecidas por la RAE, un expediente se define como *conjunto de todos los papeles correspondientes a un asunto o negocio. Se usa señaladamente hablando de la serie ordenada de actuaciones administrativas, y también judiciales en los actos de jurisdicción voluntaria.* Todo expediente pasa por las siguientes fases: iniciación, trámite y finalización.

- **Dosier**

  El dosier se define como *conjunto de documentos o informes acerca de un determinado asunto o persona.* Por lo general, un dosier consta de las siguientes partes: portada, índice, presentación, contenido, anexos, documentación complementaria y bibliografía.

- **Valija**

  La valija es un medio de intercambio de todo tipo de documentos entre los departamentos correspondientes a una misma empresa o institución. El envío por valija se puede hacer dentro del mismo edificio, entre diferentes departamentos, o bien entre sedes o delegaciones de la misma empresa. En todo caso, la mayoría de las empresas o instituciones cuentan con su propio manual de procedimiento para su uso. Ahora bien, con el fin de proteger el medio ambiente, las empresas deben optar por formatos reutilizables.

2.2.3. Reservado, restringido, privado, público

Los criterios de seguridad y confidencialidad de la información deben ser respetados de forma rigurosa. En este sentido, toda empresa o institución debe cumplir unas normas de control de acceso a la documentación, con el fin de proteger los datos personales.

- Se consideran **documentos reservados** aquellos que contienen información sensible, la ley restringe o regula el acceso a este tipo de documentos, con el objeto de proteger información que podría afectar a la seguridad interna de un país. Esta información se corresponde con el nivel 2 de seguridad del **Eurofor** —Estatuto de la Fuerza Multinacional Europea—, firmado entre varios países de la UE para reforzar la seguridad de los mismos.

- **Los documentos restringidos** son aquellos que en España tienen una difusión limitada, puesto que si la información que contiene estuviese públicamente disponible, podría tener efectos indeseados. Estos documentos se corresponden con el nivel 4 del Eurofor.

Clasificación de seguridad	Nivel de seguridad
Top secret	1
Secreto	2
Confidencial	3
Restringido	4

Fuente: Eurofor.

- Se considera **documento privado** aquel realizado entre particulares; puede convertirse en público cuando es presentado ante notario.

- Por otra parte, un **documento público** es aquel que ha sido expedido por funcionario o fedatario público competente en el ejercicio de sus funciones.

Cuando se trabaja con cualquier tipo de documentos, es imprescindible guardar la confidencialidad acerca del mismo.

Según su titularidad, los archivos pueden ser públicos o privados:

- Los **archivos públicos** contienen los ficheros de las distintas Administraciones públicas que podrá consultar, previa petición, cualquier persona que muestre interés en un determinado asunto.

- Por otro lado, la Ley Orgánica de Protección de Datos recoge que *Podrán crearse **ficheros de titularidad privada** que contengan datos de carácter personal cuando resulte necesario para el logro de la actividad u objeto legítimos de la persona, empresa o entidad titular y se respeten las garantías que esta ley establece para la protección de las personas.*

Figura 2.1. Todo documento confidencial debe estar etiquetado como tal.

Ley Orgánica de Protección de Datos de Carácter Personal y garantía de los derechos digitales

El asistente de dirección trabaja a diario con documentos que contienen datos de carácter personal y que deben ser correctamente gestionados. Para ello, a continuación figuran algunos de los artículos más relevantes de la Ley Orgánica 3/2018 (que deroga formalmente la Ley Orgánica 15/1999, de 13 de diciembre, conocida como LOPD —Ley Orgánica de Protección de Datos—) y que contiene importantes cambios respecto a la original.

Un dato de carácter personal es *cualquier información referida a una persona física que permite identificarlo o hacerle identificable.* Este tipo de datos se clasificarán teniendo en cuenta el carácter más o menos reservado de la información. Por su parte, el tratamiento de datos personales consiste en cualquier tipo de operación (automatizada o no) que permita la recogida, grabación, conservación, elaboración, modificación, bloqueo, cancelación, comunicación, consulta, interconexión y transferencia de los mismos.

> *Una importante novedad de la Ley Orgánica 3/2018 se refiere a los datos de las personas fallecidas:*
>
> *1. Las personas vinculadas al fallecido por razones familiares o de hecho, así como sus herederos podrán dirigirse al responsable o encargado del tratamiento al objeto de solicitar el acceso a los datos personales de aquella y, en su caso, su rectificación o supresión. (…)*

Artículo 5. Deber de confidencialidad

1. *Los responsables y encargados del tratamiento de datos así como todas las personas que intervengan en cualquier fase de este estarán sujetas al deber de confidencialidad al que se refiere el artículo 5.1.f) del Reglamento (UE) 2016/679.*

2. *La obligación general señalada en el apartado anterior será complementaria de los deberes de secreto profesional de conformidad con su normativa aplicable.*

3. *Las obligaciones establecidas en los apartados anteriores se mantendrán aun cuando hubiese finalizado la relación del obligado con el responsable o encargado del tratamiento.*

Artículo 7. Consentimiento de los menores de edad

1. *El tratamiento de los datos personales de un menor de edad únicamente podrá fundarse en su consentimiento cuando sea mayor de catorce años.*

2. *Se exceptúan los supuestos en que la ley exija la asistencia de los titulares de la patria potestad o tutela para la celebración del acto o negocio jurídico en cuyo contexto se recaba el consentimiento para el tratamiento.*

3. *El tratamiento de los datos de los menores de catorce años, fundado en el consentimiento, solo será lícito si consta el del titular de la patria potestad o tutela, con el alcance que determinen los titulares de la patria potestad o tutela.*

Artículo 8. Tratamiento de datos por obligación legal, interés público o ejercicio de poderes públicos

1. *El tratamiento de datos personales solo podrá considerarse fundado en el cumplimiento de una obligación legal exigible al responsable, en los términos previstos en el artículo 6.1.c) del Reglamento (UE) 2016/679, cuan-*

do así lo prevea una norma de Derecho de la Unión Europea o una norma con rango de ley, que podrá determinar las condiciones generales del tratamiento y los tipos de datos objeto del mismo así como las cesiones que procedan como consecuencia del cumplimiento de la obligación legal. Dicha norma podrá igualmente imponer condiciones especiales al tratamiento, tales como la adopción de medidas adicionales de seguridad u otras establecidas en el capítulo IV del Reglamento (UE) 2016/679. (…)

La Ley Orgánica de Protección de datos de carácter personal recoge, asimismo, los siguientes derechos fundamentales de las personas:

Artículo 11. Transparencia e información al afectado

1. *Cuando los datos personales sean obtenidos del afectado el responsable del tratamiento podrá dar cumplimiento al deber de información establecido en el artículo 13 del Reglamento (UE) 2016/679 facilitando al afectado la información básica a la que se refiere el apartado siguiente e indicándole una dirección electrónica u otro medio que permita acceder de forma sencilla e inmediata a la restante información.*

2. *La información básica a la que se refiere el apartado anterior deberá contener, al menos:*

   a) *La identidad del responsable del tratamiento y de su representante, en su caso.*

   b) *La finalidad del tratamiento.*

   c) *La posibilidad de ejercer los derechos establecidos en los artículos 15 a 22 del Reglamento (UE) 2016/679. (…)*

Artículo 13. Derecho de acceso

1. *El derecho de acceso del afectado se ejercitará de acuerdo con lo establecido en el artículo 15 del Reglamento (UE) 2016/679.*

   Cuando el responsable trate una gran cantidad de datos relativos al afectado y este ejercite su derecho de acceso sin especificar si se refiere a todos o a una parte de los datos, el responsable podrá solicitarle, antes de facilitar la información, que el afectado especifique los datos o actividades de tratamiento a los que se refiere la solicitud.

Artículo 14. Derecho de rectificación

Al ejercer el derecho de rectificación reconocido en el artículo 16 del Reglamento (UE) 2016/679, el afectado deberá indicar en su solicitud a qué datos se refiere y la corrección que haya de realizarse. Deberá acompañar, cuando sea preciso, la documentación justificativa de la inexactitud o carácter incompleto de los datos objeto de tratamiento.

Artículo 15. Derecho de supresión

1. El derecho de supresión se ejercerá de acuerdo con lo establecido en el artículo 17 del Reglamento (UE) 2016/679.

2. Cuando la supresión derive del ejercicio del derecho de oposición con arreglo al artículo 21.2 del Reglamento (UE) 2016/679, el responsable podrá conservar los datos identificativos del afectado necesarios con el fin de impedir tratamientos futuros para fines de mercadotecnia directa.

Artículo 16. Derecho a la limitación del tratamiento

1. El derecho a la limitación del tratamiento se ejercerá de acuerdo con lo establecido en el artículo 18 del Reglamento (UE) 2016/679.

2. El hecho de que el tratamiento de los datos personales esté limitado debe constar claramente en los sistemas de información del responsable.

El derecho a la portabilidad se ejercerá de acuerdo con lo establecido en el artículo 20 del Reglamento (UE) 2016/679.

Artículo 17. Procedimiento de oposición, acceso, rectificación o cancelación

1. Los procedimientos para ejercitar el derecho de oposición, acceso, así como los de rectificación y cancelación serán establecidos reglamentariamente.

2. No se exigirá contraprestación alguna por el ejercicio de los derechos de oposición, acceso, rectificación o cancelación.

Artículo 18. Derecho de oposición

El derecho de oposición, así como los derechos relacionados con las decisiones individuales automatizadas, incluida la realización de perfiles, se ejercerán de acuerdo con lo establecido, respectivamente, en los artículos 21 y 22 del Reglamento (UE) 2016/679.

Otras disposiciones aplicables a tratamientos concretos

Artículo 19. Tratamiento de datos de contacto, de empresarios individuales y de profesionales liberales

1. Salvo prueba en contrario, se presumirá amparado en lo dispuesto en el artículo 6.1.f) del Reglamento (UE) 2016/679 el tratamiento de los datos de

contacto y en su caso los relativos a la función o puesto desempeñado de las personas físicas que presten servicios en una persona jurídica siempre que se cumplan los siguientes requisitos:

a) Que el tratamiento se refiera únicamente a los datos necesarios para su localización profesional.

b) Que la finalidad del tratamiento sea únicamente mantener relaciones de cualquier índole con la persona jurídica en la que el afectado preste sus servicios.

2. La misma presunción operará para el tratamiento de los datos relativos a los empresarios individuales y a los profesionales liberales, cuando se refieran a ellos únicamente en dicha condición y no se traten para entablar una relación con los mismos como personas físicas.

3. Los responsables o encargados del tratamiento a los que se refiere el artículo 77.1 de esta ley orgánica podrán también tratar los datos mencionados en los dos apartados anteriores cuando ello se derive de una obligación legal o sea necesario para el ejercicio de sus competencias.

Artículo 22. Tratamientos con fines de videovigilancia

1. Las personas físicas o jurídicas, públicas o privadas, podrán llevar a cabo el tratamiento de imágenes a través de sistemas de cámaras o videocámaras con la finalidad de preservar la seguridad de las personas y bienes, así como de sus instalaciones.

2. Solo podrán captarse imágenes de la vía pública en la medida en que resulte imprescindible para la finalidad mencionada en el apartado anterior.

   No obstante, será posible la captación de la vía pública en una extensión superior cuando fuese necesario para garantizar la seguridad de bienes o instalaciones estratégicos o de infraestructuras vinculadas al transporte, sin que en ningún caso pueda suponer la captación de imágenes del interior de un domicilio privado.

3. Los datos serán suprimidos en el plazo máximo de un mes desde su captación, salvo cuando hubieran de ser conservados para acreditar la comisión de actos que atenten contra la integridad de personas, bienes o instalaciones. En tal caso, las imágenes deberán ser puestas a disposición de la autoridad competente en un plazo máximo de setenta y dos horas desde que se tuviera conocimiento de la existencia de la grabación.

2.2.4. Métodos: ordenación alfabética, numérica, por índice temático, cronológica y toponímica

Como se ha comentado anteriormente, cada empresa o institución debe seleccionar el método de clasificación más apropiado para su actividad, teniendo en cuenta el tipo y el volumen de información o documentación que genera o recibe. En cualquier caso, la tarea de archivo ha de ser sencilla. Asimismo, a la hora de elegir un sistema de clasificación en la empresa, debe tenerse en cuenta que el archivo pueda ser ampliable, en previsión de futuras ampliaciones. A continuación se detallan los métodos de clasificación de documentos más habituales y sus características.

- **Ordenación alfabética**

  Como su propio nombre indica, la ordenación alfabética se basa en el uso del abecedario para clasificar documentos. Este método es uno de los más utilizados y sigue el orden del abecedario por lo que, salvo contadas excepciones, es el sistema más sencillo de utilizar. Además, al seguir el citado orden se puede ampliar fácilmente. Con este método cada expediente o carpeta incluye todo lo referente a una persona física o jurídica.

  Existen unas normas universales de clasificación para el método alfabético:

  — En el caso de personas físicas debe incluirse el nombre y los dos apellidos de la persona invirtiendo su orden y separándolos mediante una coma. Por ejemplo: Pedro Pablo Cabo García se ordenaría como *Cabo García, Pedro Pablo*.

  — En caso de que haya dos personas cuyos apellidos coincidan, se deben ordenar por el nombre de pila. Por ejemplo, si tenemos que ordenar a Beatriz Álvarez Vallejo y Alejandro Álvarez Vallejo, el orden correcto sería *Álvarez Vallejo, Alejandro* y *Álvarez Vallejo, Beatriz*.

  — Cuando se trata de ordenar apellidos compuestos que suelen ir unidos por un guion o partículas, en el supuesto de nombres en castellano se consideran uno solo. Por ejemplo *García-Caso* o *González de la Serna Fernández*. Por el contrario, en el caso de apellidos extranjeros, estas partículas sí deben ser tenidas en cuenta.

  — En el supuesto de ordenación de nombres de empresas, se pueden dar varias situaciones:

    - Nombres de instituciones y organismos oficiales: aquí sí debemos tener en cuenta el nombre completo: Junta de Andalucía, Banco Santander, etcétera.

- En el caso de empresas o instituciones que sean conocidas por sus siglas, lo habitual es ordenar estas palabras por orden alfabético: ALSA, ICO, etcétera.

- Por último, en el caso de empresas extranjeras estas palabras se ordenarán según la primera palabra que aparezca en el nombre: Air France, Deutsche Bank, etcétera.

- **Ordenación numérica**

  En este tipo de archivo se asigna a cada documento o expediente un número siguiendo el orden consecutivo y natural de los mismos según llegada. Este método es frecuentemente utilizado por grandes empresas y organismos públicos y su principal ventaja es que se trata de un método ilimitado. Entre sus desventajas destaca el hecho de que, si no se conoce el número asignado a un expediente, podemos tener dificultades para encontrarlo en el archivo.

- **Índice temático**

  Como su propio nombre indica este sistema consiste en agrupar la documentación según la materia o asunto de que se trate. A su vez, debe utilizarse en combinación con otros (por ejemplo: orden cronológico o alfabético). Entre sus ventajas destacan la facilidad para encontrar el documento o expediente solicitado, aunque debemos tener en cuenta que algunos documentos pueden formar parte de varias materias, por lo que, en este caso, se debe guardar una copia en cada uno de los archivos de los que forme parte.

Ejemplo práctico:

En el caso de un archivo existente en una Consejería de Industria de una comunidad autónoma la clasificación por temas podría ser la siguiente y, a su vez, cada uno de estos temas seguiría la clasificación numérica o cronológica:

1. Servicio de autorizaciones energéticas, dividido a su vez en expedientes de:
   - Alta tensión y
   - Baja tensión.
2. Subvenciones.
3. Reclamaciones.

- **Índice cronológico**

  Este sistema se basa en la clasificación por orden cronológico, para lo que debe tenerse en cuenta la fecha de los documentos, agrupados en el archivo por meses o años. Es muy frecuente su uso en registros de entrada de documentos, así como en documentos económicos que pueden estar sujetos a plazos de tiempo (por ejemplo: vencimientos de letras de cambio). Por lo general, este sistema suele ir combinado con otros métodos, principalmente con el correspondiente año en curso. De este modo, el expediente 15/258 indica que el expediente ha sido registrado con el número 258 del año 2015 .

> Según sus necesidades, cada empresa o institución decidirá si utiliza el orden ascendente (del documento más antiguo al más reciente) o descendente (del documento más reciente al más antiguo).

- **Índice toponímico**

  Este sistema —también denominado índice geográfico— consiste en clasificar los documentos según división geográfica o por zonas. Asimismo, según la actividad o tamaño de la empresa esta clasificación se puede hacer en distintos niveles: nacional, regional, etc. En el ámbito nacional es habitual la clasificación por zonas, comunidades autónomas, provincias y localidades. Ahora bien, por lo que respecta a las comunidades autónomas, debe tenerse en cuenta que las ciudades que son capitales de provincia deben encabezar el listado, aunque no les corresponda por orden alfabético. Por ejemplo, en un archivo de documentos que siga como criterio el índice geográfico en el Principado de Asturias, el orden de clasificación sería el siguiente: Oviedo, Avilés, Gijón, Mieres. El uso de este sistema implica varias clasificaciones (comunidad autónoma, provincia, localidad y calles) y es muy adecuado para archivos de clientes, proveedores, etcétera.

- **Índice alfanumérico**

  Este sistema se basa en la combinación de letras y números, o viceversa; a la hora de clasificar estos documentos el orden puede variar, debiendo tenerse en cuenta la primera parte de la clave. Las siguientes claves, asignadas a distintos documentos, deben ser ordenadas de la siguiente manera:

ORDENACIÓN ÍNDICE ALFANUMÉRICO		
AB—358 MO—25 BD—349 A—1056	➡	A—1056 AB—358 BD—349 MO—25

Dados los siguientes expedientes con *clave alfanumérica* en este caso se deben tener en cuenta las claves numéricas, pudiendo ser ordenados de forma ascendente o descendente:

EJEMPLO DE ORDENACIÓN ALFANUMÉRICA		
	Ordenación ascendente	Ordenación descendente
925—JC	6—SE	925—JC
351—AB	80—P	351—AB
80—P	351—AB	80—P
6—SE	925—JC	6—SE

2.2.5. Sistemas: tradicional, ordenador, microfilmar documentos. Soportes de archivo

Existen diferentes sistemas o métodos para archivar documentos que se dividen en: el archivo tradicional, el archivo informático y el microfilmado de documentos, respectivamente. Decantarnos por uno u otro dependerá de las necesidades de la empresa o institución o de la propia normativa establecida en cada caso.

- **Sistema tradicional**

  Se trata del sistema utilizado para el archivo de documentos en formato papel. Para el almacenamiento de dichos documentos, se utilizan los soportes estándar como las estanterías, los armarios y el material necesario como carpetas, subcarpetas, bandejas, etcétera.

- **Archivo en el ordenador o informatizado**

  Este sistema es realmente útil, pues permite almacenar una ingente cantidad de documentación en un espacio mínimo, si bien es fundamental tener perfectamente organizadas todas las carpetas. Existen diferentes tipos de almacenamiento de datos, como, por ejemplo, el disco duro, los lápices de memoria, etc. No obstante, cada empresa o institución suele contar con una base de datos, herramienta que permite recopilar y organizar información referida a personas, servicios, productos, etc. Un ejemplo de una base de datos sería el SIUSS (Sistema de Información de Usuarios de Servicios Sociales), que permite la recogida de los datos básicos del usuario de Servicios Sociales de Atención Primaria. Por otra parte, en la actualidad, la manera más habitual de archivar de manera informatizada consiste en el **escaneado** de los documentos que se desean conservar. Este sistema proporciona también diferentes ventajas como el almacenaje de archivos de gran tamaño en un espacio mínimo, la lectura en pantalla y la posibilidad de archivar los documentos en memorias externas, etcétera.

- **Microfilmado**

    Se trata de otro sistema de archivo, pero que apenas se utiliza en la actualidad debido, sobre todo, al elevado coste económico que requiere, puesto que es necesario disponer de lectores de documentos. Además, se debe recurrir a empresas externas para que realicen esta tarea. Sin embargo, entre sus ventajas destacan un considerable ahorro de espacio —no precisa almacenaje— y, por otra parte, es un sistema muy seguro de conservación documental.

- **Soportes de archivo**

    Existen diferentes tipos de soportes de archivo, por lo que la elección de unos u otros dependerá de diferentes aspectos, si bien la **practicidad** debe ser el criterio básico para la selección del mismo. Además, los soportes deben adaptarse al espacio disponible, guardando la estética del lugar donde estén ubicados —especialmente en el caso de estancias en las que se reciba público—. Por otra parte, cuando se trate de mobiliario y archivadores que vayan a albergar documentos importantes se deben escoger materiales especiales como, por ejemplo, los ignífugos.

    En el mercado existe una gran variedad de material de archivo que incluye, por una parte, el **mobiliario** para albergar los archivadores y documentos, y por otra, el **material de oficina** necesario para este fin. Respecto al mobiliario de oficina podemos destacar los siguientes elementos:

    — **Mobiliario de oficina**

        - **Armarios de oficina**

            Por lo general, los armarios cuentan con varias posibilidades de división del espacio, a través del uso de baldas y otros accesorios que permiten el archivo eficiente de documentos o bandejas para la colocación de material de oficina. Tal y como se ha comentado anteriormente, debe optarse por aquellos armarios que cuenten con cerradura con el fin de proteger los datos personales que contengan.

Figura 2.2. Armario archivador con puertas plegables y cerradura.

- **Armario para carpetas colgantes**

    Este tipo de armarios consta de guías de las que penden las carpetas colgantes y que pueden ser utilizadas, entre otras cosas, para archivar o guardar diversos documentos según temas. Es importante que todos los documentos que formen un mismo expediente estén convenientemente sujetos para evitar su extravío.

Figura 2.3. Armario de carpetas colgantes.

- **Estanterías**

    En las estanterías los objetos están a la vista, por lo que es primordial que estén siempre perfectamente ordenadas.

- **Cajoneras para carpetas colgantes**

    Las cajoneras permiten el archivo de expedientes y documentos a través del uso de carpetas colgantes que, mediante un sistema de rieles, pueden ser extraídas fácilmente. Cada carpeta debe llevar visores o etiquetas en las que deben constar los datos que permitan identificar correctamente un expediente. La letra de estas etiquetas debe ser legible, del mismo tamaño y escrita en mayúscula y negrita con el fin de facilitar la visión de las mismas. Las cajoneras pueden ser muebles independientes o bien estar integradas en una mesa o armario.

- **Columna rotativa para archivadores y carpetas**

    Este tipo de almacenaje consiste en la colocación de diversos archivadores divididos en varias alturas en una columna giratoria. La gran ventaja de este sistema es que favorece el trabajo de distintas personas a la vez, ya que cada una puede manejar la parte del mismo que precise. Asimismo, es un elemento móvil por lo que se puede colocar en cualquier lugar del despacho, lo que supone un gran ahorro de espacio.

— **Material de oficina para el archivo**

Respecto al material de oficina que se emplea de forma habitual para el archivo de documentos podemos citar los siguientes elementos:

- **Carpetas A/Z o archivadores de palanca**

  Se trata del modelo de carpeta más utilizado en oficinas, puesto que permite el archivo de documentos en vertical. Pueden ser de cartón o plástico y cuentan con diferentes colores y diversos anchos. Asimismo, suelen contar con un tarjetero o etiqueta que permite identificar claramente su contenido.

  > *Puesto que los archivadores deben estar perfectamente etiquetados, la letra —manuscrita o impresa— será de tamaño grande.*

- **Archivadores de caja**

  Se trata de los más indicados para los documentos cuya consulta no es frecuente. El contenido de las cajas deberá estar perfectamente ordenado y etiquetado, según su asunto y el sistema elegido.

- **Bandejas apilables**

  Tienen numerosas finalidades como la de almacenar en ellas la correspondencia, los dosieres pendientes de archivo, etc. Deben estar perfectamente etiquetadas y pueden ser de distintos materiales y colores.

- **Carpetas colgantes**

  Pueden tener visor superior o lateral incorporado, según la orientación del mueble archivador o la estantería del que cuelguen. Están hechas de cartulina y pueden ser de diferentes tamaños.

- **Subcarpetas**

  Utilizadas dentro de las carpetas, las subcarpetas contienen la información relativa a un determinado expediente. Pueden usarse de diferentes colores según el tema al que hagan referencia.

- **Archivadores verticales de publicaciones**

  En estos archivadores se almacenan diferentes publicaciones —catálogos, revistas, etcétera—.

- Archivos horizontales

  Se utilizan frecuentemente en oficinas técnicas para archivar documentos en formato horizontal, como planos, mapas, ilustraciones, etcétera.

2.3. Tratamiento de los documentos. Estrategias y características de un buen archivo

Es necesario que las empresas o instituciones cuenten con su propio manual o normativa de uso del archivo corporativo, con el fin de que cualquier persona que tenga autorización para acceder al mismo, sepa cómo encontrar un documento de una manera rápida y sencilla. Por lo general, un archivo bien gestionado proporciona diferentes ventajas tales como: la reducción de papel y el consiguiente ahorro de espacio físico, y encontrar los documentos necesarios de manera rápida y sencilla. Para ello, debe cumplir los siguientes requisitos:

- Deben establecerse los criterios necesarios de forma rigurosa.

- Es importante que los documentos que constan en el archivo histórico se mantengan en buenas condiciones de luz, calor y humedad, con el fin de facilitar su conservación.

- La destrucción de documentos ha de hacerse con todas las garantías, puesto que contienen datos personales.

- Respecto a la custodia de documentos, es muy importante tener localizados los expedientes y documentos en la empresa, puesto que nos permite una mayor agilidad en nuestro trabajo. Todos los documentos y expedientes —independientemente de su formato, papel o electrónico— deben ser guardados correctamente con el objetivo de facilitar su búsqueda, controlar el acceso a determinadas personas, procurar su correcta conservación, etcétera.

- Deben tenerse en cuenta las necesidades futuras, especialmente a la hora de calcular el espacio necesario.

2.4. El archivo corporativo. Establecimiento de criterios y procedimientos de uso. (Inclusiones, extracciones y expurgo)

Cualquier empresa o institución debe disponer de su propio manual de archivo o normativa que resuma las reglas de uso del archivo corporativo. En este, pues, deberían establecerse los criterios y procedimientos de su uso, especialmente en lo relativo a las inclusiones, las extracciones y el expurgo.

- **Inclusiones**

    Es la incorporación de nuevos documentos a un expediente. Es preciso guardar el orden en las carpetas de expedientes; así pues, mientras un expediente está activo los documentos se incorporan en orden cronológico, colocando en la parte superior los más actuales. Cuando el expediente se ha terminado los documentos se archivan en sentido contrario. Asimismo, cada expediente debe incluir un índice en el que se recogerán los documentos que lo componen, con el fin de evitar su extravío.

- **Extracciones**

    En el manual corporativo del uso de archivo debe figurar la normativa relativa a las extracciones de documentos por parte del personal de la empresa. Debe evitarse la extracción de originales de un expediente; por lo que siempre se hará una fotocopia y se devolverá el original al mismo. Si, por el contrario, alguna persona precisa un documento original debemos anotar en una ficha o base de datos el nombre de la misma, la fecha del préstamo y observaciones al respecto.

- **Expurgo o eliminación de documentos**

    La última etapa de un documento puede consistir en su archivo definitivo en el histórico de la entidad o empresa o bien en su eliminación, aunque antes de clasificar estos documentos es necesario conocer las normas de la empresa al respecto. Así pues, aunque deben conservarse durante cinco años, existen determinados documentos que por motivos legales no pueden eliminarse y se conservarán de manera definitiva en el histórico, tales como hipotecas, escrituras, etc. Al eliminar cualquier tipo de documento debemos comprobar que no incluya contenidos confidenciales; para ello la *trituración* es el método más adecuado, ya que impide que los documentos destruidos puedan ser reconstruidos o recuperados. Existen diferentes tipos de máquinas destructoras en el mercado, por lo que a la hora de decantarnos por una u otra, lo haremos teniendo en cuenta las necesidades de la empresa y el presupuesto disponible. Se debe tener en cuenta que este tipo de máquinas suele generar bastante ruido durante su utilización, por lo que, en la medida de lo posible, deberíamos ubicarla en una estancia diferente al despacho para que no entorpezca nuestra labor profesional.

2.5. Gestión documental informática («oficina sin papeles»)

En la actualidad, la evolución imparable de las nuevas tecnologías y la creciente informatización en las empresas ha provocado un cambio en la forma de trabajo en las oficinas. Así pues, muchos procesos que hace años se realizaban de forma manual (elaboración de facturas, albaranes, bases de datos, etc.) han sido sustituidos por la gestión electrónica de los mismos. Esto conlleva diferentes ventajas como un ahorro en papel, tinta y espacio de almacenaje respectivamente, aspectos que repercuten en la protección del medio ambiente.

Hoy en día se trabaja con **equipos informáticos** durante una gran parte de la jornada laboral, a través de los cuales generamos y recibimos un gran número de documentos. En este sentido, es fundamental su correcto archivo y ser capaces de diferenciar aquellos que debemos conservar de los que podemos eliminar. Al igual que en un archivo físico, debemos guardar correctamente los documentos mediante un sistema de carpetas que crearemos siguiendo las instrucciones de la empresa o según nuestras necesidades. Así pues, cada persona establecerá el método que mejor le convenga (agrupando carpetas por asuntos, años, etc.). Debemos revisar cada cierto tiempo nuestras carpetas, grabando la información en dispositivos externos por motivos de seguridad y eliminando aquellos documentos que sean innecesarios.

- **Archivo de correos electrónicos**

  Por otra parte, la información generada por el envío y recepción de **correos electrónicos** también debe ser gestionada correctamente. Para ello, debemos diferenciar los mensajes que deben ser archivados de aquellos que pueden ser destruidos y también tendremos en cuenta los pertinentes anexos adjuntos. Al igual que en los archivos de ordenador, se recomienda la creación de carpetas según remitentes, temas, años, etc. Cuando la importancia del documento lo requiera, es conveniente imprimirlo con el fin de conservarlo y añadirlo al expediente.

- **Sistemas de gestión electrónica de documentos (SGD)**

  A un nivel más avanzado existen los *sistemas de gestión electrónica de documentos (SGD)* que consisten en el proceso de conversión de un archivo en formato papel a un sistema de gestión electrónica de documentos. La introducción de un SGD es un proceso que cuenta con numerosas ventajas tales como: aumentar la eficiencia y productividad en el trabajo, facilitar la búsqueda de documentos, agilizar el intercambio de documentos entre personas, ahorrar espacio de almacenamiento, etc. Debemos tener en cuenta que para implantar un SGD es necesario contar con equipamientos apropiados, infraestructuras, formación del personal, etcétera.

2.6. Requisitos medioambientales para la eliminación de residuos

Afortunadamente, en la actualidad cada vez hay una mayor concienciación por parte de la ciudadanía en lo relativo al cuidado y protección del medio ambiente. En este sentido, las personas que trabajan en el sector de oficinas y despachos también pueden aportar su granito de arena mediante el consumo racional de equipamientos y materiales, así como mediante el cumplimiento de determinados requisitos medioambientales en la eliminación de residuos. Se trata de pequeños gestos que contribuyen al cuidado del medio ambiente.

En primer lugar, debemos identificar los elementos que se consumen de manera más habitual en las oficinas, como, por ejemplo, equipos informáticos, material de oficina, energía, etcétera.

- **Equipos informáticos y material de oficina**

  A la hora de adquirir estos elementos es importante decantarse por los productos clasificados como ecológicos, así como evitar el uso de materiales tóxicos y procurar que los materiales sean reciclados o biodegradables. Asimismo, dentro del material de oficina, el **papel** es el elemento más utilizado por lo que se recomienda el uso de papel reciclado o que no haya sido blanqueado con cloro e imprimir solo los documentos imprescindibles. Además, también procuraremos aprovechar al máximo el espacio disponible. Otro consejo ecológico consiste en reutilizar la parte posterior del papel impreso para borrador o tomar notas siempre y cuando no contenga datos confidenciales, en cuyo caso habría que destruirlos previamente en la máquina destinada a tal fin. En cuanto a los residuos generados, deben ser clasificados en su correspondiente contenedor según su composición. Cuando llegue el momento de deshacernos de un equipo electrónico este deberá ser llevado a un **punto limpio**. Estas instalaciones suelen ser dependientes de los ayuntamientos y en ellas se depositan residuos especiales para su posterior reciclaje o tratamiento.

- **La energía**

  El cuidado del medio ambiente también se realiza mediante el uso racional de la energía. Así pues, con este fin, adoptaremos las siguientes recomendaciones:

  — Siempre que sea posible, apagar las luces cuando no haya personas en una estancia.

  — Es recomendable la instalación de *detectores de presencia* que encienden las luces cuando detectan la presencia de una persona.

  — Utilizar bombillas de bajo consumo.

— Apagar los equipos electrónicos al finalizar la jornada laboral, evitando dejarlos en modo *stand by*, ya que de esta manera siguen consumiendo energía.

— Aprovechar al máximo la luz natural de la oficina.

— Mantener una temperatura ambiental media sin abusar del aire acondicionado ni de la calefacción.

— En cuanto al consumo de agua es recomendable la instalación de grifos automáticos, y evitar su dispendio.

Figura 2.4. Con el fin de contribuir al cuidado del medio ambiente, debemos seguir la regla de las 3R: reducir, reutilizar y reciclar.

EJERCICIOS PRÁCTICOS

2.1. Ordena por orden alfabético los siguientes nombres:

— Ángeles Riva Fernández.

— Pedro Van Beer.

— Rocío Elorza Alonso.

— Francisco Moreno Arias.

— Juan Luis Álvarez Montes.

— Elena Álvarez Montes.

— Juan Vallejo Villegas.

— Fernando Posada Alba.

— Angélica García-Caso Rodríguez.

— Álvaro García Rodríguez.

2.2. Ordena por orden alfabético los siguientes nombres:

— Alejandro Fernández Soto.

— Marcos del Cabo Pérez.

— Rocío Carrero Gómez.

— Nicolás Bueno Fernández.

— Margaret Smith.

— Daniel Pérez García.

— Pedro Copete Villabrille.

— Claude Annaud.

— Margarita Jiménez Tapia.

— Maximina Izquierdo Carvajal.

— Carmen Bueno Blanco.

— Eduardo Carrero Gómez.

2.3. Ordena los siguientes datos siguiendo el sistema alfanumérico:

— MC- 346.

— F-2810.

— DA-450.

— F-2809.

— A-872.

— C-8.

— DA-4.

— C-3840.

— CA- 687.

— FA-576.

2.4. Ordena por sistema alfanumérico (numérico) en orden ascendente y descendente respectivamente, los siguientes datos:

— 3407-B.

— 687-CA.

— 729-PI.

— 576-FE.

— 728-PI.

— 564-VO.

— 97-MO.

— 3407-BE.

— 575-FA.

— 99-MO.

2.5. Ordena los siguientes datos según el sistema numérico:

— 14/731.

— 13/757.

— 12/1950.

— 14/2538.

— 13/148.

— 14/1532.

— 13/253.

— 14/2855.

— 13/1532.

— 12/531.

2.6. Ordena los siguientes datos según el sistema cronológico:

- 13 de agosto de 2014.
- 7 de enero de 2015.
- 18 de abril de 2013.
- 3 de febrero de 2012.
- 21 de marzo de 2014.
- 18 de septiembre de 2014.
- 23 de septiembre de 2014.
- 11 de mayo de 2015.
- 3 de julio de 2013.
- 21 de diciembre de 2013.

2.7. Clasifica los datos que aparecen en este archivo, siguiendo las instrucciones que figuran a continuación:

- Clasifica los datos según el criterio alfabético de nombre de cliente.
- Ordena los datos siguiendo el criterio de clave alfanumérica.
- Por último, ordena los datos siguiendo el criterio geográfico, teniendo en cuenta que el segundo criterio de clasificación para los clientes que residen en la misma población, sea el nombre de la calle.

N.º	Clave	Nombre de cliente	Dirección	Localidad	Provincia
1	CA-358	Carmen Miranda Flores	C/ Libertad, n.º 3	Valencia	Valencia
2	G-74	David López Martínez	C/ Cervantes, n.º 67	Moncofa	Castellón
3	B-922	Pedro Soto Conde	C/ Milán, n.º 9	Montroy	Valencia
4	BA-711	José Luis Pérez García	C/ Lila, n.º 23	San Juan	Alicante
5	PO-77	Triana Soto Ponce	Avenida de Lugo, n.º 13	Alfafar	Valencia
6	SE-14	Alejandra Pérez Cabos	C/ Jorge Juan, n.º 42	Valencia	Valencia

7	A-579	Juan Castro Calzada	C/ Serrano, n.º 8	Castellón	Castellón
8	FE-14	Diego Cabo Prieto	C/ Jaume I, n.º 5	Valencia	Valencia
9	S-92	Luisa Vázquez Serrano	C/ Roma, n.º 2	Burriana	Castellón
10	DA-98	Verónica Alonso Riosa	C/ Uría, n.º 17	Alicante	Alicante
11	AN-202	Ana Triguero Luna	C/ La Paz, n.º 20	Mislata	Valencia
12	L-57	María Amor Ortiz Plaza	C/ Reino de Valencia, n.º 1	Altea	Alicante
13	Z-35	Francisco Gómez Bugía	C/ Alfahuir, n.º 22	Moncada	Valencia
14	A-52	Patricia Herrero Salas	Avenida de la Costa, n.º 12	Castellón	Castellón
15	F-14	Luz Valverde Medina	C/ Blasco Ibáñez, n.º 47	Cheste	Valencia
16	MA-952	Laura Díaz Medina	C/ Convento, n.º 6	Benicarló	Castellón
17	HO-351	Óscar Rivera Palacio	C/ José Faus, n.º 15	Alicante	Alicante
18	DA-34	Iván Verdete Herrera	C/ Moros, n.º 32	Benicasim	Castellón
19	JU-99	Daniel Flores Pascual	Plaza de la Catedral, n.º 8	Valencia	Valencia
20	LA-1972	Aida Álvarez León	C/ Ruzafa, n.º 4	Altea	Alicante

EJERCICIOS DE AUTOEVALUACIÓN

2.1. ¿Qué aspectos debemos tener en cuenta antes de crear un archivo en la empresa?

2.2. ¿Qué es un archivo intermedio? ¿Cómo se le denominaba anteriormente?

2.3. Según el artículo 3 de la LOPD, ¿qué es un fichero?

2.4. Enumera tres normas universales de clasificación para el método alfabético.

2.5. ¿En qué consiste el índice toponímico? ¿En qué niveles se puede realizar esta clasificación?

2.6. ¿Por qué el microfilmado es poco utilizado en la actualidad?

2.7. ¿Cuál es el modelo de carpeta más utilizado en las oficinas? ¿Por qué?

2.8. Enumera algunas de las ventajas de un archivo bien gestionado.

2.9. ¿En qué consiste el expurgo?

2.10. ¿En qué sentido pueden aportar su granito de arena las personas que trabajan en el sector de oficinas y despachos respecto a la protección del medio ambiente?

Indica si las siguientes afirmaciones son verdaderas o falsas (V/F)

2.11. La función de archivo es una de las tareas más importantes en las organizacioneso empresas, puesto que su correcta gestión facilitará el resto de las actividades que se vayan a realizar en la misma.

2.12. Las personas encargadas del archivo han de ser ordenadas y metódicas.

2.13. Los documentos vitales son aquellos que contienen información rutinaria como, por ejemplo, solicitudes o material publicitario.

2.14. Una valija es el conjunto de todos los papeles correspondientes a un asunto o negocio; se utiliza señaladamente hablando de la serie ordenada de actuaciones administrativas y también judiciales en los actos de jurisdicción voluntaria.

2.15. El derecho de acceso es uno de los derechos de las personas contenidos en la Ley de Protección de Datos de Carácter Personal.

2.16. La ordenación alfabética se basa en el uso del abecedario para clasificar documentos.

2.17. En el archivo informatizado para el almacenamiento de los documentos se utilizan los soportes estándar como las estanterías, los armarios y el material necesario como carpetas, subcarpetas, bandejas, etcétera.

2.18. Las etiquetas de los archivadores deben estar escritas en tamaño pequeño.

2.19. Es necesario que las empresas o instituciones cuenten con su propio manual o normativa de uso del archivo corporativo con el fin de que cualquier persona que tenga autorización para acceder al mismo y sepa cómo encontrar un documento de una manera rápida y sencilla.

2.20. El cuidado del medio ambiente también se realiza mediante el uso racional de la energía.

3. La agenda

Introducción

La agenda o dietario es una herramienta indispensable para cualquier asistente de dirección, ya que, por una parte, permite organizar de manera eficaz el tiempo y el trabajo, y por otra, contiene toda la información relativa a recordatorios (datos, gestiones, citas o entrevistas que se vayan a realizar, fechas de viajes, etc.). La anotación de estos datos posibilita al asistente recordar de una manera práctica y sencilla las tareas que debe realizar, permitiéndole así planificar correctamente su trabajo. Cabe recordar que aparte de nuestra agenda de trabajo, también debemos gestionar la de nuestro jefe o jefes y es una prioridad absoluta que ambas estén constantemente actualizadas y coordinadas entre sí.

> *La capacidad de las personas para retener información es limitada, por lo que debemos acostumbrarnos a realizar un buen uso de la agenda, con el fin de no olvidar las tareas encomendadas o pendientes.*

Contenido

3.1. Tipos de agenda

Si bien existen diferentes tipos de agenda, debemos escoger la que más se adapte a nuestras necesidades y nos resulte más cómoda de utilizar. Asimismo, hay que tener en cuenta el volumen de la empresa en la que desempeñemos nuestro trabajo. Podemos diferenciar tres tipos de agenda: manual, electrónica y la del ordenador.

3.1.1. Manual

Se trata de la agenda o dietario tradicional en formato papel. En el mercado hay una gran variedad de agendas de este tipo, en cuanto a formatos y tamaños, y constituye uno de los regalos de empresa más habituales. Aunque dependerá de gustos personales, se recomienda el uso del formato *día por página,* ya que dispone de más espacio para recoger la información. En la parte inferior de esta hoja suele haber un hueco con el apartado *Notas,* que permite visualizar rápidamente las gestiones más importantes del día y que deben destacarse con rotuladores fluorescentes o subrayados.

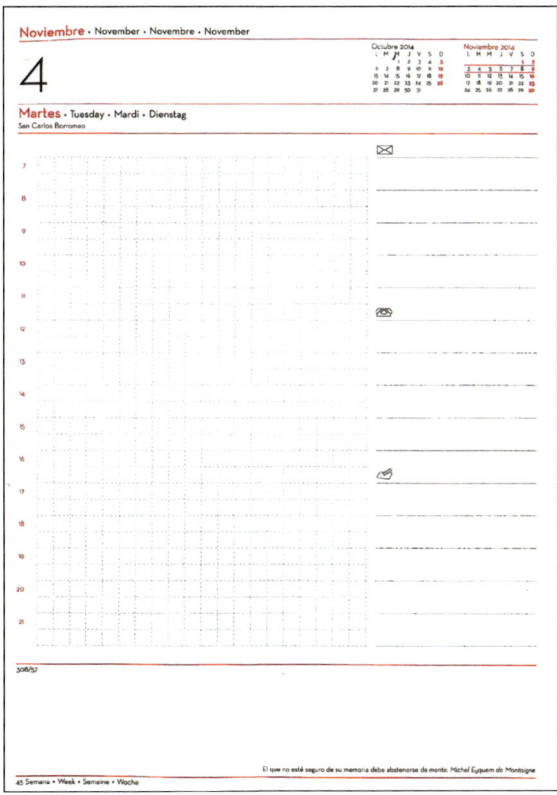

Figura 3.1. Página en agenda manual.

En las agendas se recomienda el uso de formato día por página.

3.1.2. Electrónica

También conocida por su acrónimo en inglés PDA (*Palm Digital Agenda*), consiste en un terminal portátil de pequeñas dimensiones que combina tanto las funcionalidades de un ordenador como las de los *smartphones*. Las agendas electrónicas facilitan enormemente el trabajo al asistente de dirección, ya que permiten disponer de toda la información que contengan: tareas, teléfonos, fechas claves, etc., en dispositivos de reducido tamaño. Asimismo, otras de sus ventajas son: acceso desde cualquier lugar, ahorro de tiempo en el trabajo, gestión sencilla, integraciones, recordatorios, etcétera.

3.1.3. Ordenador

En la actualidad, existen numerosas aplicaciones informáticas que, entre sus funciones, incorporan agendas. No obstante, a la hora de decantarnos por un programa determinado lo haremos siguiendo las directrices de la empresa o los gustos personales del jefe.

Así, por ejemplo, Google Calendar es un servicio gratuito y de muy fácil manejo, que permite acceder a nuestro calendario desde cualquier ordenador o dispositivo móvil, siempre y cuando hayamos iniciado sesión en nuestra cuenta de Google. Permite, entre otras funciones:

- Organizar la agenda.

- Coordinar eventos.

- Compartir calendarios con otras personas.

> *Un asistente de dirección que coordine las agendas de su jefe y de varios compañeros del departamento debe marcar en la agenda del ordenador los viajes y las fechas de realización de los mismos, con el fin de comprobar de un simple vistazo qué personas están fuera de la oficina.*

3.2. Secciones de la agenda

Por lo general, las agendas constan de varias secciones que nos permiten almacenar datos e información de diferente índole. A continuación, figuran algunas de las principales.

3.2.1. Planificación (dietario, semanal, mensual, anual, tareas, actividades)

La planificación es la función principal de una agenda. En este sentido, las agendas pueden tener diferentes formatos según la división temporal de las actividades que se vayan a realizar por días, semanas o meses. Respecto a la planificación anual, es habitual que las agendas incluyan un *planning* en un folio extensible que permite la observación, a primera vista, de los eventos más destacados del año, como ferias, congresos, junta de accionistas, etc. Asimismo, debe incluirse una sección de **planificación anual fija** que contenga los datos más relevantes y que se repiten todos los años, tales como: cumpleaños, aniversarios, etc. En este apartado se detallan también fechas importantes como la fecha de renovación de una póliza, fechas de caducidad de documentos de las personas a las que asistimos —DNI, pasaporte, permiso de circulación, etcétera—.

3.2.2. Gestión (notas, mensajes, reuniones, gastos, viajes)

Otro apartado que incluyen las agendas nos permite la anotación de gestiones que aún están pendientes de realizar como notas, mensajes, reuniones, gastos o viajes, entre otros.

3.2.3. Información (teléfonos y direcciones, clientes, restaurantes, onomásticas)

Todas las agendas incluyen un listín de contactos de las personas o entidades con las que la empresa mantiene relación habitual (proveedores, clientes, transportistas, etc.). Los datos que suelen incluir son: institución o empresa, cargo, nombre y apellidos, dirección postal, teléfono fijo y móvil, número de extensión, *email*, fax, etc. Asimismo, dentro de estos listines podemos incluir otro tipo de información como, por ejemplo, los restaurantes que frecuentan los miembros de la empresa, hoteles, farmacias, urgencias, bomberos, policía, etc. Otro tipo de información incluida en una agenda es la relativa a las onomásticas, así como las fechas de cumpleaños del personal de la empresa, clientes o proveedores más importantes, etcétera.

3.2.4. Accesorios

Entre los múltiples accesorios que puede incluir una agenda se encuentran los siguientes:

- Calendarios (anual y perpetuo).

- *Planning* anual.

- Hojas de control de gastos.

- Fiestas autonómicas, locales e internacionales.

- Distancias kilométricas entre ciudades de España y Europa.

- Mapa de carreteras de España y Portugal, y cartografía.

- Planos de las principales capitales españolas.

- Diferencias de husos horarios.

- Solapas para incluir notas.

- Regla.

- Lengüetas para separación de asuntos.

- Fundas transparentes para incluir notas.

- Tarjeteros.

- Etcétera.

3.3. Gestión de agendas

Tal y como hemos visto, la agenda es una herramienta que nos permite planificar el tiempo de una manera eficaz y, por consiguiente, conlleva una mayor productividad. Por ello, es necesario efectuar una buena gestión de la misma, aunque siempre debemos mantener la imagen corporativa. A continuación, conoceremos diferentes pautas de gestión de agendas que nos ayudarán en nuestro trabajo cotidiano:

- Reservar una pequeña parte de la jornada laboral para gestionar asuntos imprevistos.

- Si por falta de tiempo debemos posponer una tarea programada para la jornada, será la de menor importancia. Como es obvio, siempre hay que dar prioridad a los asuntos urgentes e importantes, de acuerdo con los objetivos y criterios establecidos por la empresa.

- Anotar todos los compromisos que caducan.

- Incluir un listado de tareas pendientes de realizar (*to do list*).

- No cambiar actividades programadas salvo fuerza mayor, especialmente cuando hay otras personas implicadas.

- Dejar un pequeño margen de tiempo entre una actividad y otra.
- Tener siempre actualizado el contenido.

3.3.1. La agenda del directivo (la de planificación y la de control)

- **Agenda de planificación**

  En la agenda del directivo se anotan las actividades, citas, compromisos o reuniones previstos a corto y medio plazo. Es una responsabilidad básica del asistente estar pendiente en todo momento de las posibles modificaciones o nuevas citas que haya anotado el jefe, con el fin de tener actualizadas ambas agendas en todo momento. Cabe recordar que en determinadas ocasiones, la asistente de dirección puede ausentarse de la oficina unos días por diferentes motivos, en cuyo caso es necesario delegar sus funciones a otra persona de total confianza dentro de la empresa. Entre dichas funciones se incluye la gestión de ambas agendas, por lo que deberá explicarle su *modus operandi*, así como las preferencias del jefe. Por otra parte, cuando se programan reuniones entre directivos es primordial la coordinación entre sus respectivos asistentes de dirección. Por supuesto, cualquier imprevisto o cambio sobre la agenda debe comunicarse inmediatamente a las personas implicadas.

  > *Aunque resulte obvio, es fundamental mantener la confidencialidad de la agenda del directivo al que asistimos.*

- **La agenda de control**

  No debemos confundir la agenda propiamente dicha —como herramienta de planificación— con la agenda de control de una reunión, pues son conceptos diferentes. De hecho, la agenda de control de una reunión permite a los participantes preparar sus intervenciones con antelación, centra la discusión sobre los temas previstos y sirve de guion, tanto para el seguimiento de los temas como para el respeto hacia los tiempos de cada intervención. Los puntos que debe incluir la agenda de la reunión son los siguientes:

  — Fecha, lugar y hora de comienzo.

  — Temas que se van a tratar.

  — Orden y tiempo previsto para cada intervención.

  — Nombre de los participantes por cada parte.

— Pausas: cafés, almuerzo.

— Hora de finalización.

3.3.2. La agenda del asistente

En la agenda del asistente se anotan las actividades previstas a corto y medio plazo, si bien, tal y como hemos comentado anteriormente, las actividades a largo plazo —una feria o un congreso, por ejemplo— pueden incluirse en una hoja de planificación anual. A continuación figuran en detalle diferentes aspectos que nos ayudarán a realizar una correcta gestión y planificación de nuestra agenda de trabajo:

• Las actividades diarias deberán programarse con suficiente antelación y de forma proactiva, asignando los tiempos máximos estimados de acuerdo con la agenda propia o de la dirección. Estas deberán ser agrupadas por similitud y siguiendo criterios de eficiencia, para lo que se distribuirán según los tiempos previstos de realización que deberán ser realistas.

• Se debe bloquear una parte de la jornada —por lo general, a primera hora de la mañana—, para despachar con nuestro jefe.

• La planificación de la agenda se reajustará según las incidencias surgidas en el curso de las actividades, con iniciativa y cuidando la imagen corporativa, por lo que cabe recordar que la **flexibilidad** es una cualidad fundamental necesaria en un asistente de dirección.

• La agenda debe consultarse especialmente al inicio y al finalizar la jornada laboral, para reconocer a primera vista las tareas pendientes de realizar y se hará con una frecuencia constante a lo largo de la jornada marcando las tareas ya realizadas.

• Según el formato de agenda se recomienda organizar el espacio reservando una misma zona para un determinado asunto.

• Respecto a las citas y reuniones, una vez que se ha fijado una cita marcaremos en la agenda los siguientes datos: nombre y apellidos, cargo, teléfono de contacto, motivo de la cita y observaciones (por ejemplo, si acude con intérprete o si debe aportar una determinada documentación).

• A la hora de planificar un viaje, si bien es fundamental la elaboración de un dosier en el que conste toda la información referente a su organización, también tendremos que anotar en la agenda los datos básicos del mismo. Así pues, se deben marcar las fechas previstas del viaje (inicio y fin), con el objetivo de bloquear citas y compromisos durante este período, así como el del día anterior, que se suele dedicar a la preparación intensiva de la documentación necesaria y las reuniones previstas. Recordemos que es absolutamente necesario saber dónde se encuentra el jefe en todo momento, por si surgiera algún imprevisto urgente.

> *Un buen asistente de dirección debe ser capaz de identificar los asuntos más importantes y urgentes de su jornada laboral.*

3.3.3. Normas para el buen uso de la agenda

Ya sabemos que una buena gestión de la agenda nos permitirá planificar nuestro tiempo correctamente ayudándonos a trabajar de una manera eficaz. Para ello, tendremos en cuenta los siguientes consejos:

- Respecto al estilo, la redacción ha de ser clara, sencilla y muy sintetizada. Se aconseja marcar con colores previamente asignados a diferentes actividades.

- En el caso de agendas manuales la escritura ha de ser legible. Asimismo, cuando se haya finalizado una tarea se tachará sin borrones y a ser posible con lápiz, con el fin de poder consultar los datos anotados con posterioridad, si fuese necesario.

- Al planificar la agenda debemos hacer previsiones realistas.

- Hay que dar margen de tiempo entre determinadas tareas. Así pues, tras una reunión o un viaje, es necesario dar un margen un poco holgado, de manera que si estos se prolongan más de lo previsto inicialmente, no nos arruinen el resto de tareas previstas.

- Se debe dejar algún hueco libre para uno mismo, por ejemplo, para reorganizarnos ante la entrada de asuntos imprevistos o para archivar documentos de asuntos ya finalizados.

- Es necesario conservar las agendas de años anteriores por si hubiese que hacer alguna comprobación o cotejar algún dato de interés (por ejemplo, para consultar la fecha de una determinada reunión y comprobar si se alcanzaron los acuerdos fijados en la misma).

- A finales de año, es necesario disponer de la agenda del año siguiente, con el fin de solaparlas y anotar nuevos datos que vayan surgiendo.

- Por último, una vez que se ha realizado una tarea es conveniente marcar el tiempo que nos ha llevado, con el fin de calcular el tiempo invertido para próximas ocasiones.

> *Una agenda eficaz es aquella que está actualizada constantemente.*

EJERCICIOS DE AUTOEVALUACIÓN

3.1. ¿Qué tipos de agenda existen?

3.2. Enumera tres opciones que permite la agenda del ordenador.

3.3. ¿Qué datos debería incluir la sección de planificación anual fija dentro de la agenda?

3.4. Destaca algunas de las diferentes pautas relativas a la gestión de agendas.

3.5. ¿Cuáles son las recomendaciones relativas al estilo en las agendas?

3.6. ¿Por qué deben conservarse las agendas de los años anteriores?

Indica si las siguientes afirmaciones son verdaderas o falsas (V/F)

3.7. La agenda es una herramienta que nos permite planificar el tiempo de una manera eficaz.

3.8. La agenda manual también es conocida como PDA.

3.9. No es habitual que las agendas incluyan listines telefónicos y de direcciones.

3.10. Estar pendiente en todo momento de las posibles modificaciones o nuevas citas que haya anotado el jefe no es una de las responsabilidades básicas del asistente de dirección.

3.11. La agenda debe consultarse especialmente al inicio y al finalizar la jornada laboral con el objetivo de reconocer a primera vista las tareas pendientes de realizar.

3.12. A la hora de planificar la agenda debemos hacer previsiones realistas.

Ejercicios de evaluación final

1. ¿Qué propone David Allen en su libro *Organízate con eficacia*?

2. Enumera las diferentes fases del método Alpen.

3. ¿Cómo definirías la iniciativa?

4. ¿Qué estilo de comportamiento es el más eficaz en las relaciones humanas?

5. Enumera las principales características de la redacción de mensajes en la comunicación verbal.

6. ¿Cómo define la Organización Internacional del Trabajo (OIT) la salud laboral u ocupacional?

7. ¿Qué es la psicología del trabajo?

8. Cita algunas de las consecuencias de la fatiga laboral.

9. ¿En qué puestos de trabajo es recomendable el uso de portadocumentos?

10. ¿Cuál es la recomendación principal para mantener el confort térmico en el trabajo?

11. ¿Por qué las empresas deben registrar toda la documentación e información generada o recibida?

12. ¿Qué se entiende por *ciclo de vida de un documento*?

13. ¿Qué son los documentos útiles?

14. Según la materia de la que trate, ¿cómo se clasifican los informes?

15. ¿Qué es la Agencia de Protección de Datos?

16. ¿Cuál es el criterio de ordenación en el caso de que dos apellidos coincidan?

17. ¿Cuál es la principal desventaja de la ordenación numérica?

18. ¿Cuál es el uso más frecuente del índice cronológico?

19. A la hora de decantarnos por un soporte de archivo u otro, ¿cuál es el criterio básico para su elección?

20. ¿Por qué la trituración es el método más adecuado para la eliminación de documentos?

21. ¿Cuáles son los dos motivos fundamentales por los que un asistente de dirección debe disponer de una agenda o dietario?

22. ¿Para qué sirve el apartado *Notas* dentro de una agenda?

23. Cita tres funciones básicas de Google Calendar.

24. Aparte de los datos básicos de un listín de teléfonos, ¿qué otro tipo de teléfonos debemos incluir?

25. ¿Para qué sirve una agenda de control?

Test final de evaluación

Indica si las siguientes afirmaciones son verdaderas o falsas:

1. Una cualidad fundamental en un buen asistente de dirección consiste en ser capaz de gestionar correctamente el tiempo del que dispone para realizar las actividades o tareas propias de su competencia.

2. La efectividad es la capacidad de disponer de alguien o de algo para conseguir un efecto determinado.

3. Una planificación operativa es un listado de actividades que se van a realizar en un tiempo determinado.

4. La matriz de la gestión del tiempo es una herramienta consistente en una tabla en la que se deben añadir las tareas según su importancia y su urgencia.

5. La reagrupación consiste en hacer un análisis que nos ayude a realizar las tareas de la manera más sencilla posible cuando nos tengamos que enfrentar al desempeño de diferentes actividades.

6. No finalizar las tareas iniciadas puede generar frustración y estrés en el trabajador.

7. Una de las principales desventajas de la comunicación oral es la inmediatez en la recepción y transmisión de la información.

8. Un ejemplo de barrera personal en la comunicación verbal consiste en anticiparnos a lo que nos van a decir.

9. En una negociación la estrategia *ganar-ganar* es la más recomendable de todas y es propia de las personas asertivas.

10. El trabajador no está obligado a respetar en todo momento las medidas de prevención de riesgos, salud laboral y protección del medio ambiente.

11. Tan solo existe un único tipo de clasificación de documentos.

12. Los documentos vitales se incluyen en el archivo de gestión.

13. La ley restringe o regula el acceso a los documentos reservados, con el objeto de proteger información que podría afectar a la seguridad interna de un país.

14. Un documento privado nunca puede convertirse en público, ni siquiera cuando es presentado ante notario.

15. Al elegir un sistema de clasificación en la empresa, debe tenerse en cuenta que el archivo pueda ser ampliable, en previsión de futuras ampliaciones.

16. El índice toponímico es el menos adecuado para archivos de clientes, proveedores, etcétera.

17. La gran ventaja de la columna rotativa para archivadores y carpetas es que favorece el trabajo de varias personas a la vez, ya que cada una puede manejar la parte del mismo que precise.

18. Los archivos horizontales se utilizan frecuentemente en oficinas técnicas.

19. En el manual corporativo del uso de archivo debe figurar la normativa relativa a las extracciones de documentos por parte del personal de la empresa.

20. Los puntos limpios son instalaciones que suelen ser dependientes de las asociaciones de vecinos de cada edificio.

21. No es necesario que la agenda del jefe y la nuestra estén constantemente actualizadas y coordinadas entre sí.

22. El aspecto más importante a la hora de elegir una agenda es que sea la más *cuqui*.

23. Las agendas también incluyen información como, por ejemplo, la onomástica o la fecha de cumpleaños de una persona.

24. Si por falta de tiempo debemos posponer una tarea programada para la jornada, será la de menor importancia.

25. Una vez que se ha fijado una cita marcaremos en la agenda los siguientes datos: nombre y apellidos, cargo, teléfono de contacto, motivo de la cita y observaciones.

Glosario

APT: acrónimo de análisis de puesto de trabajo.

Contactless: tecnología de comunicación sin contacto que permite pagar acercando la tarjeta a la terminal de venta.

Diagrama de flujo de trabajo: herramientas visuales que las empresas utilizan para simplificar y trazar procesos y flujos de trabajo.

Diagrama de Gantt: herramienta gráfica que muestra el tiempo de dedicación previsto para diferentes tareas o actividades a lo largo de un tiempo total determinado.

Distress: nivel de estrés tan elevado, que supera nuestra capacidad de respuesta.

Dosier: conjunto de documentos o informes acerca de un determinado asunto o persona.

Ergonomía: estudio de datos biológicos y tecnológicos aplicados a problemas de mutua adaptación entre el hombre y la máquina.

Etiqueta: conjunto de reglas y formalidades que se deben observar y cumplir en determinados actos. También se refiere a las pautas de vestimenta requeridas por los anfitriones.

Expediente: conjunto de todos los papeles correspondientes a un asunto o negocio.

Informe: exposición oral o escrita sobre el estado de una cosa o persona, o sobre las circunstancias que rodean un hecho.

LOPD: acrónimo de Ley Orgánica de Protección de Datos.

LPRL: acrónimo de Ley de Protección de Riesgos Laborales.

Matriz del tiempo: herramienta consistente en una tabla en la que se deben añadir las tareas según su importancia y su urgencia.

Método PERT: herramienta de planificación y control que permite a sus usuarios una mejor gestión del tiempo.

Reunión: encuentro entre dos o más personas que se congregan para discutir diferentes temas.

Teletrabajo: trabajo que se realiza desde un lugar fuera de la empresa utilizando las redes de telecomunicación con el fin de cumplir con las cargas laborales asignadas.

To do list: lista de tareas pendientes de realizar.

Valija: medio de intercambio de todo tipo de documentos entre los departamentos correspondientes a una misma empresa o institución.

Bibliografía y webgrafía

BIBLIOGRAFÍA

- Cabero Soto, C. 2012. *Gestión de protocolo* (2.ª ed.), Madrid, Ed. Paraninfo. 2024, *Organización de reuniones y eventos* (2.ª ed.), Madrid, Ed. Paraninfo. 2013, *Protocolo en Hostelería y Restauración,* Madrid, Ed. Paraninfo.

- Londoño, M. C. 2000. *Guía para la secretaria ejecutiva. Manual de comunicación escrita y atención al cliente en la empresa,* Madrid, Fundación Confemetal.

- Parera, C. 2009. *Manual de perfeccionamiento para secretarias* (2.ª ed.), Madrid, Fundación Confemetal. 2011, *Técnicas de archivo y documentación en la empresa* (5.ª ed.), Madrid, Fundación Confemetal.

WEBGRAFÍA

- www.boe.es
- www.fundeu.es
- www.hubspot.es
- www.mc-mutual.com
- www.oit.org
- www.rae.es
- http://web.ua.es/es/eurle